教師・教育関係者のための
ストレス撃退法

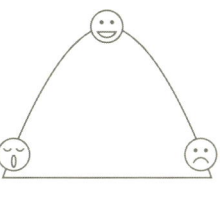

M・パプウォース 著
石田　雅人
漆原　宏次
実光由里子
林　　照子 訳

北大路書房

STRESS-BUSTING
by
Michael Papworth

Copyright © 2003 by Michael Papworth

Japanese translation published by arrangement with The Continuum International
Publishing Group through The English Agency (Japan) Ltd.

原著者の序

　教師という職は実にストレスの多い仕事だ。そうかといってストレスから逃れることはできない。もちろん教職に限らず，人とのかかわりが避けられず，達成困難な目標を突きつけられ，時間の制約もあるというのなら，どんな仕事でもストレスから逃がれることはできない。教職からストレスを完全に取り去る方法はない。なぜなら，教職というのはストレスを生みだすあらゆることがらにかかわるからである。教師は子どもたちとかかわることが仕事であるが，一部の子どもたちは学校にいたいとはとうてい思っていないし，また彼らはとんでもない問題を引き起こしたりもする。このような子どもたちの多くが，よりよい教育を受けられるように手助けすることが教職の目的である。しかし一方で，このための諸条件はいっこうに改善されていない。教職に就く以上，子どもたちへの手助けをやり遂げねばならないが，そのゴールポストは，うんざりするほど不規則に揺れ動く。私たちがひとつのシステムに慣れるや否や，すぐにそれが変更され，すべてを再構築しなくてはならない。

　もちろん，これらのストレスは軽減できる。しかし，完全に取り除くことは「断じてできない」。だからといって，このような状況をただたんに甘受しなくてはならないわけではない。要は，現実的な視点からものごとを見ればよいということである。

　重すぎる仕事の負担，書類仕事，秩序のなさ，おびただしい数の提案によって忙殺されることなどから生じる無用のストレスは，いろいろな方法で確実に取り除くことができるはずである。政府，労働組合，教育委員会，個々の学校とさらにその下にある運営組織は，教職のストレス軽減に熱心に取り組んでいる。それらはある程度の

成果を上げてきているものの，まだまだ時間がかかることであろう。

　私たちはそんなに長く待つことはできない！　この本は，教職仲間が個人レベルでできることを手助けするために書かれたものである。

　各章で5つのおもなトピックを扱い，最後の章では，すぐに役立つヒントを紹介した。

1章　ストレスについて：ストレスの根本的な性質と，ストレス反応が引き起こす身体的・精神的影響について簡単にわかりやすく解説する。

2章　ARCでストレスを軽減させよう：生活上のストレスを軽減させるための簡単な（やさしいという意味ではない）アプローチを紹介する。

3章　身体の復元力：あなたの身体は生活上のストレスに対処できなくてはならない。この章では，身体の健康と復元力について簡単に要点を解説する。

4章　こころの復元力：あなたの心も生活上のストレスに対処できなくてはならない。この章では，心の健康と復元力について簡単に要点を解説する。

5章　感情の復元力：医療専門職，救急隊，軍隊，社会福祉職に従事する人々がそうであるように，私たちも感情をかき乱されるようなできごとを数多く目の当たりにする。私たちはこのようなできごとで判断を鈍らせないように，「したたか」でなくてはならない。

終章　全体のまとめ：あなたの仕事が引き起こすストレスのレベルを下げるための簡単なこつがたくさんある。いろいろな場面で応用できるものを集め一覧にした。

　鉛筆を持ち，ノートを手元においてこの本を読むことをおすすめする。とくに役に立つと思う部分を鉛筆でマークしておけば，必要なときに，見つけやすくなる。この本のなかに出てくる練習問題をしたり，メモを取ったりするときにノートを利用するといい。この本と語らい，熱心に読めば読むほど，あなたのためになるはずだ。どうか楽しんでいただきたい。

イギリス，ウースターにて
マイケル・パプウォース

はじめに ——日本の教師とストレス

生活とストレス

　ストレスという言葉が市民権を得て久しい。ストレスとは本来，物体にゆがみを引き起こす外力をさし，物理学や工学で用いられてきたことばである。しかし現在では，心理的重圧という意味で日常的に広く用いられている。職場・生活環境，人間関係など，さまざまな要因によって引き起こされるストレスと，それが心身に及ぼす悪影響は，常に問題視されており，解明に向けてこれまでに多くの研究が行なわれてきた。その結果，いくつもの問題解決策が提言されてきた。しかし，ストレスの問題はいまだ完全な解決にはいたらず，常に危急の課題であり続けている。その1つの理由としては，本書で紹介されるように，ストレスを引き起こす要因同士の複雑な相互関係に加え，すべてのストレスが私たちの生活にとって有害であるというわけではなく，むしろある種のストレスは，張りのある健康な生活を送るうえで必要であるという側面があるからである。つまり，ストレスとは，究極的には私たちの生活から切り離すことのできないものであり，生活を営む以上，常につきまとい，必要に応じて対処し続けなければならないものであるといえる。このような，私たち人間の宿命ともいえるストレスに関して，とくに教職という立場にいる方々を念頭に置きながら，それとうまくつきあい，対処するための新しい方法を提案し，それらをわかりやすく解説したのが本書である。

学校という場のストレス

　世に数ある職業のなかでも，とりわけ教職はストレスフルな仕事

である。ストレスを引き起こす要因は枚挙にいとまがないが，そのなかでもおもなものをいくつかあげてみよう。

　まず第1に，多くの人々が指摘するごとく，子どもを取り巻く社会的・地理的・物理的環境の変化にともなって，子どもの心性が急激に変化し，子どもの抱える問題が複雑化・多様化したことである。ところが，その問題に対処するための革新的な方法が提案されたとは寡聞にして知らない。問題の質や中身が変化したとしても，教師は主として伝統的な教師─子ども関係のあり方に従って解決を試みる。通常その方法とは，子どものもつ問題をじっくりと聞いて共感し，人間がもつ成長力に訴える。教師として可能な限り支援しつつも，基本的には子ども自身による成長力の発動を待つことである。これはとても根気のいる，相当の時間がかかる方法であり，即効性を求める保護者や社会の期待にはとうてい添えないことになる。時間をかけることこそが本質的な解決へ通じる最適な道筋なのであるが，それを理解し，誠実に実践する教師であればあるほど周囲の期待との狭間で悩み，ストレスを蓄積しやすい。

　第2に，職場の人間関係の特殊性である。人事異動にともなう職場の構成メンバーの交代は，必然的に人間関係の変化をもたらし，それが望ましいものであれ望ましくないものであれ，ストレスとなりうることについては，他の職場と変わるところはない。問題は職種に由来する。学校教師はよく，「一国一城の主」といわれる。それは，たとえ大学の卒業式の翌月から学校に配属されたばかりの若い新任教員であっても，いったん教員としての身分を背負った以上，少なくとも受け持ち学級や担当する教科指導においては，一人前として扱われることが多い。このことから来るマイナス面が厄介である。問題を抱えたとしても，まずは手助けなしに教師みずからが解決することが暗黙の了解となる。職場の先輩諸氏による後輩への指

導は期待できないのが「掟」である。一方で，職員室における同僚教員との関係は，本来ならば勤務年数にはさほど左右されない「対等」な関係になるはずであるが，しかし，人間関係においては建前と現実とは相当にギャップがあるのが現状である。新任教員に限らず，学校・職場・職員室という環境には，建前ほどには割り切れていない人間関係が存在し，これになかなかなじめず，長い間悩み続け，結果的に多大なストレスを抱えるケースも，通常の職場と同様，あるいはそれ以上に存在する。

第3に，保護者の変化である。教員の悩みの上位にランクされるのが子どもの保護者への対応である。教師と保護者が対等な立場で教育を支えることは当然であり，それ自体は否定されるものではない。問題は，現代の保護者は，子どもの学習・生活両面において指導が行きわたらないと主観的に感じたことの大部分を，学校教育現場において，教員の指導力で補ってほしいと願う傾向が強いことである。これはいわば保護者の学校依存の高まりであるが，しかしこの傾向は，けっして学校が全幅に信頼された結果であるとは限らない。子どもの指導面に対してさまざまな要求を突きつける保護者のなかには，教師・学校だけではたいした改善効果を得ることはむずかしいであろうと冷めた目で見ている保護者が少なくない。ある場面で教師がこのような状況認知をしたとすれば，問題の解決に当たる教師自身の努力に水をさす結果となりかねない。そのような保護者に対応する場合，教師としての職責と，保護者からの冷めた期待との狭間で葛藤することになり，ストレスが軽減されるいとまもない。また，なかには，子どもに関する問題を，本来そうである以上に，学校での教育の問題や教師の能力に帰属させる保護者もいるであろう。このような場合には，教員はみずからの力の及ぶ範囲を超えて責任を負うことになり，解決困難で統制不可能な課題を背負い

続けることになる。このような境遇におかれた教員が大きなストレスに悩まされることは容易に想像できるであろう。

　第4に，教育政策の「迷走」である。学校採択の教科書が変更されれば，教師は指導内容を再吟味する必要がある。また，年度ごとに受け持ち学年が変わることが多いので，それに合わせて，みずからの教育・授業内容を変える必要がある。しかし，他の職場・職種であっても，職務内容の変更は日常茶飯事であり，柔軟な対応が必要なのはいずこも同じであろう。教職は，知識・技能を授けるだけにとどまらず，子どもの人格の陶冶・形成に直接かかわる，専門的かつきわめて責任重大な職務をもつことに特徴がある。教育をとおして子どものその後の一生を決定づけるといっても過言ではない。したがって教師には確固たる教育方針・教育哲学をもつことが求められる。昨今，教育をめぐる世間の論議はさかんである。しかしながら，論議の内容から今後の教育がめざすべき進路を推し量るとすれば，「船頭多くして船山に上る」の感がある。政界，産業界，官界からの，国・地方の両方のレベルで，さまざまな思惑が交差し，教育のあり方に対して要求だけが多く寄せられる。これらの要求に対応するため，文部科学省自体が，短い期間内での教育政策の変更を余儀なくされているのが現実である。「教育は百年の大計である」ことが，どこかに置き忘れられている。ここ数年内の，「ゆとり」教育から，「学力向上」への大合唱は，教育のあるべき姿が語られないまま，テーマだけが先行する表層的な議論になっているといわれている。このことを教育政策の「迷走」であると断じるのは言い過ぎであろうか。子どもを直接預かる学校現場で，教育観について常に問われ，現実問題の対処において周囲から多くの期待と関心が直に寄せられる教師にとって，おおもとの教育政策の「迷走」は，戸惑いの大きな要因となる。ストレスが蓄積するのは無理もない。

学校を取り巻く状況

　このように，教職とは本来ストレスを引き起こす要因を多く含んだものであるが，このことを大まかな背景データで見てみよう。最近の学校を取り巻く状況は，10年前と比較し，教職員のストレスを増す方向に変化している。学校内での暴力行為，いじめ，不登校などの生徒の問題行動に関しては，ここ2，3年でやや減少がみられ，ピークを過ぎた感はあるものの，それ以前と比較するといまだに高い水準にとどまっている。生徒指導上の諸問題の現状についての文部科学省の統計調査によると，平成16年度，公立の小・中・高等学校における暴力行為件数は30,022件であり，平成9年度（暴力行為件数調査が現在の調査方法に変更された最初の年度）における暴力行為件数23,621件と比較し，7年で30％近く増加している。公立の小・中・高等学校及び特殊教育諸学校におけるいじめの件数は，10年前の平成6年度56,601件と比較し，平成16年度では21,671件と大幅な減少を見せており，学校・教職員の取り組みが実を結びつつあるともいえるが，一方で，いじめの減少に反比例するかのように増加しているのが不登校の件数である。平成16年度における，国立・公立・私立の小・中学校での不登校件数（速報値）は，123,317件であり，10年前の平成6年度における77,449件と比較して60％近く増加している。いじめの件数が約35,000件減少する一方で，不登校件数はそれ以上，約45,000件も増加しているのである。これら，児童・生徒による問題行動は，教師にとって教育現場で対処しなければならない最重要課題であり，受け持ちの子どもたちの間でこれらの問題を目の当たりにした教師が大いに責任を感じるのは想像に難くない。結果的に，子どもたちによるこれらの問題行動は，教師の職場ストレスを引き起こす大きな原因の1つとなる。ここであげたこれらの数値が示すように，ストレスとい

う点において，教師を取り巻く環境は以前と比較すると非常に厳しくなっているといえるだろう。

教師のストレス疾患

　以上のような状況変化にともない想定される教職におけるストレス量の増大は，教師自身の精神的健康に対してどのような影響を与えているのだろうか。ストレスは度を過ぎると精神疾患，身体的疾患（心身症）双方の原因になることが知られている。これらの点について，教職員の健康状況の変化を統計から読み取ってみる。文部科学省による，教育職員に係る懲戒処分等の状況についての統計調査結果から，公立の小・中・高等学校・中等教育学校・盲学校・聾学校・養護学校における，校長・教頭・教諭・助教諭・養護教諭・養護助教諭・講師・実習助手・寄宿舎指導員ら教職員のうち，病気休職者数，およびそのなかに含まれる精神疾患による休職者数，これら2つの数値と割合を抜き出してみると，10年前の平成6年度では，病気休職者数が3,596人（全体の0.37%），このうちの33.0%にあたる1,188人が，精神疾患による休職者数であった。それに対し，平成16年度には，休職者数が6,308名（全体の0.68%），このうちの半数以上にあたる56.4%，3,559人が精神疾患による休職者数となっている。病気により休職を余儀なくされた教員，なかでも精神疾患による事例が，10年で大幅に増加しているのが読み取れる。もちろん，これらの統計数値をただちにストレスという一因のみに結びつけるのは早計に過ぎるであろうが，だからといってこれらの数値，とくに精神疾患件数の増加に関しては，教職におけるストレスの増加が主要因のひとつであるとすることに異論は少ないであろう。

ストレス対策

　それゆえ,現在の教育現場,とくに教師を取り巻く環境は,未曾有といってもよいほど厳しいものとなっている。このような状況は今後どのように変化していくのであろうか。先にあげた子どもの問題行動については,国・地方の両レベルでさまざまな取り組みが行なわれている。各学校へのスクールカウンセラーの配備などは,代表的なものであろう。このシステムによって子どもの問題行動が減少すれば,結果的に教職員のストレスも軽減されるであろう。しかしながら,教師は派遣されたスクールカウンセラーという人的対象に対して新たな人間関係を構築しなくてはならず,この新しい人間関係はともすれば新たなストレスの種となるかもしれない。また,児童・生徒との適切な関係を築くことができないなど,指導を適切にできない教員に対して,指導力不足教員として指導や再研修を行なうシステムが構築されつつあるが,このようなシステムは子どもの問題行動の減少にとって有用だと考えられるものの,教員に対しては,意識と行動において今までとは異なる制約が加わるという点で,新たなストレスを引き起こしかねない。学校という場面が子どもを第1に考えるべきものである以上,教師のストレスに関するこれらの側面は避けがたいことかもしれない。

　これらの対策やシステムがうまく機能し,結果的に子どもの問題行動が減少すれば,教師のストレスも減少するかもしれない。しかし,たとえ,これらの対策やシステムによってストレス減少の効果がもたらされるのだとしても,そのような効果が目に見える形で現われるのは何年も先であろう。少なくともそれまでは,教師たちは現状のまま耐え続けなくてはならない。学校教員を取り巻く事態の深刻さは現時点でも座視できるものではないにもかかわらず,である。国家レベルでの大がかりな抜本的対策はもちろん不可欠だろう

が，現時点でストレスにさらされ苦しんでいる教員には，時には，もっと手軽で，小回りのきく，即効性のある対策が必要だと思われる。

本書のすすめ

　今まで述べた状況認識のもとで，私たちは，本書を翻訳して紹介することが，教師を取り巻く事態を少しでも改善する手助けになることを願っている。本書には，教職に就いている方々が，日常の生活のなかで手軽に活用できるストレス対処法が数多く掲載されている。その内容は，ストレスの専門家や学術的な側面から見れば物足りないところもあるかもしれない。しかしその分，むずかしい知識を必要とせず，読後すぐにでも試してみることのできる，いわば即効性のある手法が，本書では多く紹介されている。多くの人が本書を気軽に手にとり，軽い気持ちでストレス対処を試みるきっかけとなればいいというのが，訳者一同の考えである。本書を読み終えるのにそれほどの時間はかからないであろうし，書かれてある内容を実践するのに，ほとんどコストはかからない。ダメでもともと，という気持ちで気軽に実践してみてほしい。きっとその効果に驚くはずである。また，教職とは異なる職についている方々，とくにデスクワーク中心の仕事をされている方にも，ぜひ試してほしい。日常感じるいろいろなストレスに対して，本書の内容は応用できるはずである。是非おすすめしたい。

石田雅人

漆原宏次

もくじ

原著者の序　　*1*
はじめに──日本の教師とストレス　　*4*

第1章　ストレスについて …………………………………15
1．ストレスとは？　　*15*
2．なぜストレスを感じるのか？　　*16*
3．ストレスはどんな影響を与えるのか？　　*18*
4．急性ストレスと慢性ストレス　　*20*
5．慢性ストレスの危険性とは？　　*21*
6．私たちはみな慢性ストレスに苦しんでいる　　*23*
7．慢性ストレスの症状とは？　　*24*
8．練習問題 ─正しい回答を求めるならば正しく尋ねるべきである─　　*25*

第2章　ARCでストレスを軽減しよう …………………27
1．ARCの意味　　*27*
2．80-20の法則　　*28*
3．ストレッサーの回避法　　*30*
4．ストレッサーの再構成法　　*31*
5．ストレッサーへの対処法　　*34*
6．まとめ　　*35*

第3章　身体の復元力 ……………………………………36
1．はじめに　　*36*
2．呼吸法　　*37*
3．体重と栄養　　*39*

4．運　動　*51*

　5．休　息　*58*

　6．深い筋弛緩　*59*

　7．まとめ　*61*

第4章　こころの復元力 …………………………………*62*

　1．はじめに　*62*

　2．落ち着きスイッチをつくる　*63*

　3．現実の聖域　*66*

　4．イメージ上の聖域　*67*

　5．自分への語りかけ　*69*

　6．音　楽　*71*

　7．心的イメージ　*73*

　8．瞑　想　*75*

　9．日記をつける　*78*

　10．まとめ　*79*

第5章　感情の復元力 ……………………………………*81*

　1．はじめに　*81*

　2．先を見越して行動する　*82*

　3．アサーティブになる　*87*

　4．怒りのコントロール　*97*

　5．心配事のコントロール　*100*

　6．まとめ　*103*

終章　全体のまとめ ………………………………………*105*

　1．生活をデザインする　*105*

　2．職場（学校）生活をデザインする　*106*

　3．運動・活動の方法をデザインする　*108*

　4．身体・脳に栄養を与える　*108*

5．心に栄養を与える　　*109*
  6．どこにいようとその場に居場所を見つける　　*109*
  7．成功のための計画をたてる　　*110*
  8．成功のための服装をする　　*110*
  9．成功のためのストレスをもつ　　*111*

推奨図書　　*112*
訳者あとがき　　*113*

第1章 ストレスについて

- ストレスとは？
- なぜストレスを感じるのか？
- ストレスはどんな影響を与えるのか？
- 急性ストレスと慢性ストレス
- 慢性ストレスの危険性とは？
- 私たちはみな慢性ストレスに苦しんでいる
- 慢性ストレスの症状とは？
- 練習問題

1 ストレスとは？

　ストレスとは何か，正確な定義については多くの論争がある。ストレスの分野で同じ見解をもっている専門家は2人といないというのが，専門家のあたりまえの見方である。以下には，私にとって単純で完全だと思える定義をあげた：

　ストレスとは，困難に直面したときに起こる身体的・精神的な反応である。

　これ以上話を進める前に，ストレスには2つのタイプがあるということにふれておかなければならない。快ストレスと不快ストレスである。

・快ストレスとは，日常生活のなかで必要とされるストレスである。多少難しいが，同時に楽しいことがらをやろうとしているときに感

じる興奮がこれに相当する。
・不快ストレスとは，私たちがいうところのストレスである。これは，自分が好きで請け負ったわけでもない困難なこと，またはどうにも対処できないと感じていることがらのいずれかに直面したときに経験するタイプのストレスである。この本では，ストレスという言葉を，不快ストレスをさして使うことにする。

　もしもあなたが，自分を殴り殺そうとする暴漢に直面したとすれば，不快ストレスを感じるはずである。ただし，マイク・タイソンは快ストレスを感じるかもしれないが。

　薄い繊維でできたバッグを背負い，小さな飛行機から飛び出すことを考えるだけで，私は不快ストレスを感じる。しかし週末に定期的にパラシューティングをしている人たちにとっては，それは爽快な，快ストレスに満ちた活動なのである。

　ここで意味していることは明らかである，つまり，**ストレスからくる反応は，あなた個人に特有であり，状況やできごとを専らあなたがどうとらえるのかによるのである。**

　これはきわめて重要な点であり，この先またふれることにする。

2　なぜストレスを感じるのか？

　アフリカの平原で狩をしている私たち人類の遠い祖先にあたるある男を想像してみよう。彼は丈の高い草のなかを，片手に槍をもって這っている。視界の中心に獲物や猛獣の手がかりをとらえようとして，視線を左右に動かす。彼は視界の端で仲間の狩人がそばにいることを確認する。何か危険な気配があれば，彼らがただちにそれを知らせてくれることになっている。彼は安心しつつも，自分の周囲で起こっているあらゆることに気を配る。

突然，草むらのなかで何かが動くのを視野にとらえた。彼はその動きを察知する。待ちかねたシカの気配を感じた。

彼の身体と脳には化学物質があふれ，筋肉は緊張し，目が大きく開かれ，鼻孔が広がる。

一方，野営地では彼のつれあいが，そばで遊ぶ子どもに目を配りながら火の番をし，木の実の皮をむいている。彼女は姉妹やいとこと楽しげにしゃべりながら赤ん坊に声をかけている。彼女はリラックスしつつも，彼女の周囲で起こっているあらゆることに気を配っている。

突然，彼女は視界の隅で，岩の間に鮮やかな緑と黄色をした何かをとらえた。ちょうどその岩の反対側にはカブトムシのあとを這っている赤ん坊がいる。時を待たずして赤ん坊とヘビは互いに気づき，両者とも驚くにちがいない。

彼女の身体と脳には，化学物質があふれ，筋肉は緊張し，目が大きく開かれ，鼻孔が広がる。彼女は，何の迷いもなく棒を取り上げ，赤ん坊を急いで助けるためにヘビを殺そうとする。まわりのすべての女と子どもたちは恐怖の叫びをあげ安全なところに走り出していく。

狩人，女，子どもたちはみなストレス反応を経験したことになる。彼らの脳と身体は，危機に対処するために劇的で重要な変化を起こしたのである。

私たちがストレスを感じるのは，それが生存のためのメカニズムであるからだ（すべての動物にとって共通のメカニズムでもある）。もし私たちがいつも同じようにゆったりとリラックスしており，ずっと幸福や祝福を感じているならば，ヒトという種は，洞窟のなかに迷い込んできた最初のサーベルタイガーによって絶滅してしまっていたに違いない。

> ストレスからくる反応は，あなた個人に特有であり，状況やできごとを専らあなたがどうとらえるのかによるのである。

3 ストレスはどんな影響を与えるのか？

　私たちの身体組織はあらゆるたぐいの危機から影響を受ける。脳と身体の両方が，生存のための変化を起こす仕組みになっている。これらの変化は素早く，しかも自動的に起こる。

◆ 脳内変化
　脳は4つの機能部位によって構成されている。ここではこのうち関与している3つの部位を紹介する。

1 **脳幹**
　生体機能と本能を支配しており，生存を預かる部位である。脳幹は脊髄の延長部分であり，身体の末しょうとやり取りされるすべての情報が行き来するルートである。脳の最も原始的な部分であり，よく爬虫類脳といわれる。

2 **大脳辺縁系**
　情動と記憶の一部をつかさどり，コントロールセンターとして機能する部位である。すべての知覚信号はまず大脳辺縁系に入り，ここで一部は拒絶され，残りは脳の他の領域に送られ処理される。大脳辺縁系は脳幹上部に覆いかぶさるように位置し，多くの異なった部位から構成される。哺乳類脳ともよばれる。

3 **大脳**
　思考や学習をつかさどる，ヒトを人間たらしめている部位である。

第1章 ストレスについて

私たちの大脳は他の哺乳類と比べ，巨大であり，全脳量のうち実に85％を占めている。

　人間が危機に直面すると，大脳辺縁系は，大脳への門を閉ざし，脳幹は警告モードに切り替えられる。低次の大脳機能（話をするといったような）にはアクセスできるが，いっさい思考することができなくなる。あなたの行動は100％動物的になるのである。

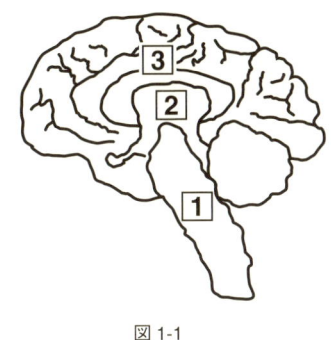

図1-1

（生物の先生方，これは単純すぎる説明だということは承知しています。でもこれでほとんど事足りるのです！）

◆ 身体の変化

　ある危機に直面したとき，脳と（ホルモンを産出させる）内分泌系は，生死にかかわる状況に対処しようとして身体に化学物質を多量に分泌する。

・大きな筋組織は緊張し，激しく活動し強大な力を出すためにアドレナリンで満たされる。
・瞳孔はより多くの光を取り入れようとして拡大し，速く呼吸するために鼻孔が広がる。
・心拍と血圧は上昇する。これはより多くの血液を重要な器官とおもな筋組織に供給するためである。
・血液は濃くなり，凝固化学物質によって満たされる。これは皮膚あるいは主要な器官に対するダメージを修復するためである。

・血液は，短期間の生存にとって必要でない臓器から心臓に引き上げられる。
・腸は緩められる。これは逃走や闘争を緩慢にさせるじゃまなものを取り除くためである。

　これらは，実際よくデザインされたシステムである。すべての組織が生命維持のために危機対応するようにつくられている。信じられないほどの力やスピードで戦い，危険からすばやく逃れることができる。
　そのうえ，これらはすべて瞬時に起こる。サーベルタイガーが洞窟に入ってくるや否や，戦ったり逃げ出したりする準備ができるのである。（凍結反応はこの例ではよい選択ではないことがわかる）
　もちろん，このプロセスは他の，より現代的な状況下でも同じように起こる。小さな子どもがあなたの前方右手の2台の車の間から道路に飛び出してきたとき，ブレーキを思い切り踏ませるのはあなたの脳幹である。もしも夜に小道の入り口近くで，黒ずくめの2人の若者がこそこそしているのを目撃したとき，あなたの拳骨をしっかり握り締めさせ，心拍を速くさせるのはあなたの脳幹である。こちらが機嫌をそこねないよう完璧に合理的な要求をしたのに，子どもがまったく予期しない暴力的な反応をしたとき，とっさに反撃したいとあなたに思わせるのも脳幹である。

4　急性ストレスと慢性ストレス

　急性ストレスとは，不規則にやってくるとてつもない危機に直面したときに感じるストレスのことである。このストレスはまさに（他の動物と同様に）私たちが生存するために仕組まれたものであ

る。人間はストレスを感じ，危険と対峙するか，さもなければ逃走し，その結果生き残るか，殺されるかである。しかし殺されたらおしまいである。

慢性ストレスは，長期間にわたってきわめて頻繁にストレスにさらされている状態のことである。反応の性質は，高いレベルのストレスを感じたときでも，低いレベルのストレスを感じたときでも，変わらない。唯一の違いは反応の程度である。

急性ストレスの場合，全身の組織は化学物質で満たされるが，それらは消費され，やがて身体は安定した状態に戻る。しかし慢性ストレスの場合には，このような化学物質でいっぱいになった状態が続く。実はそれが問題なのである。

5　慢性ストレスの危険性とは？

慢性ストレスは，仕事の能率，家族，社会生活，性活動，そして人生観にもマイナスの影響を与える。加えてあなたの心と身体の健康にも深刻なマイナスの影響を与える。

◆ 身体的影響

身体が恒常的な緊張状態におかれるため，ストレスは全般的な筋肉痛を引き起こす。身体の姿勢，ふるまい，身体全体の様子はおかしくなり，ひいてはこれが骨格系の疾患につながることもある。

循環器系も悪影響を受ける。血圧は上昇し，血中濃度が増し，コレステロール値は上昇する。これが原因で，心疾患，不整脈や心臓発作などの心臓血管に関する問題が引き起こされることもある。

消化器系の機能は低下し，蠕動運動は，速くなったり遅くなったりする。ストレスは胃潰瘍の直接の原因ではないものの，誘因とな

ることが現在では明らかになっている。腸の活動は低下し，コントロール不能となる。

ストレスが免疫機構を低下させる原因となるという証拠が数多く見つかっている。ストレスは，風邪に対する耐性の低下から，癌に対する感受性まで，多くの健康障害の誘因になると考えられている。

◆ 精神的影響
慢性ストレスは全体的に平常心と論理的思考力の低下をもたらす。これは，脳が思考モードから生命維持モードに転換されるからである。ストレスいっぱいの思考が頭に押しよせると，これを処理するのは困難である。集中力と記憶は著しくそこなわれる。睡眠障害が慢性的に起こる。自己暗示は効かないどころか事態を悪化させ，自己イメージが著しくゆがめられる。

◆ 家庭と社会生活
ストレスが長引くと家庭や社会生活に深刻な影響を及ぼす。たまったストレスとそれに付随する怒り，そしてフラストレーションのはけ口が無垢の家族や友人に向けられるのは，けっしてめずらしいことではない。悲しいことに，不平不満ばかり言う人を，愛情をもって長期間受け入れ続けるのは，だれにとっても容易ではない。

◆ 就業能力
ストレスによる個人レベルでの影響が大になるにつれ，仕事をこなす能力もあわせて低下していく。これが，無気力（最低限もしくはそれ以下しかやらない）や，（仕事効率の喪失をとりつくろうとして働きすぎるために）過労の原因となる。学校での授業指導力は低下し，子どもや同僚との人間関係がギクシャクし，時には壊れて

しまうことがある。

　簡潔にいうと，もしも慢性ストレスに陥っているとすれば，あなたの身体と日常生活が全体的にアンバランスな状態になっている。

6　私たちはみな慢性ストレスに苦しんでいる

　現代社会では，私たちはある程度のストレス状態に絶えずおかれている。それらのストレスとは，騒音，非社会的な児童・生徒，きついスケジュール，絶えることのない環境の変化，そして人間が本来もっている動物性を否定する社会的圧力である。唯一の疑問はそれがどの程度なのかということである。職場におけるストレスのおもな原因を3つあげると，
・人
・変化
・事態をコントロールすることの欠如
である。

　これはまさに教職そのものに付きものだと思えないだろうか。

◎セリエ（Hans Selye）の汎適応症候群（General Adaptation Syndrome, GAS）モデル

　ストレス反応に関するGASモデルでは3つの段階を仮定する。
「警告反応期」：ストレッサーに対する自律神経系の反応──逃避，格闘，凍結
「抵抗期」：ストレス症状や疾病に対し全般に抵抗を示す過渡的反応。ストレッサーに長期間さらされることで次の段階に移行する。
「疲憊期」：バーンアウト（燃え尽き状態）や，身体的精神的危機

に対抗する力が減少することからくる重い疾患

次の図の曲線はストレスによって能率がどのように影響されるかを示している。

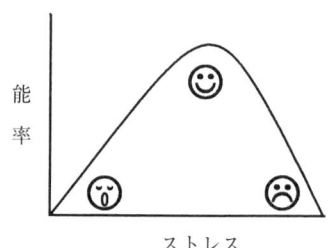

図1-2　能率-ストレス曲線

・曲線の左端は，ストレスがまったくない生活が退屈を引き起こし，能率が低くなることを示している。
・中央部分は受容可能な水準のストレスにより能率が最高になることを示している。これが望ましい状態である。
・曲線の右端は，過度のストレスが能率の低下を招き，やがてはバーンアウトが生じることを示している。

仕事に没頭するほど仕事の能率がよくなると素朴に考えているかもしれないが，この図の曲線は，それがある水準までしかあてはまらないことを示している。何事もほどほどがいい。やりすぎは非生産的であり，害にしかならない。

7 慢性ストレスの症状とは？

次に示す表は慢性ストレスがよく引き起こすおもな症状である。ただしすべてを網羅しているわけではない。

もしこれらのうちの2つ3つが自分に当てはまるとすれば，許容範囲を超えたストレスを感じていることになる。それ以上のたくさんの症状が当てはまるのであれば，ただちに助けを求めるべきであ

身体面	精神面	情動面
体重変化	集中力の欠如	フラストレーション
不眠症	生産性の低下	怒り
消化器系の不調	明晰さの欠如	心配
神経質なふるまい	生気のなさ	無感動
度重なる軽佻な疾患	否定的自己教示	他者への非難

る。危険信号を無視することのメリットは何もない。

　あなたの生活は喜びにあふれたものでなければならないし，その権利をもっている。家族や友人そして知っているすべての人々が，あなたに喜びを感じてほしいと願っている。喜びを感じることはあなたの第1の義務である。もしあなた自身が喜びを感じないのなら，いったいどうやってあなたが世間に喜びを広げられるであろうか。

8　練習問題 —正しい回答を求めるならば正しく尋ねるべきである—

　質問は「あなたはストレスを感じていますか？」ではない。「あなたはどの程度のストレスを感じていますか」である。

	全然ない	少しある	まあまあある	とてもある	限界に近い
身体面					
精神面					
情動面					

　次の質問は「回答したストレスはどのくらいあなたの生活に影響していますか」ということである。

	全然ない	少しある	まあまあある	とてもある	限界に近い
家庭					
仕事					
社会					
性活動					
自己イメージ					
人間関係					
効力感					

　最後の質問は,「このストレスに対してあなたに何ができるのか」というものである。ノートをとってただちにこれについて考えてみよう。

第2章
ARCでストレスを軽減しよう

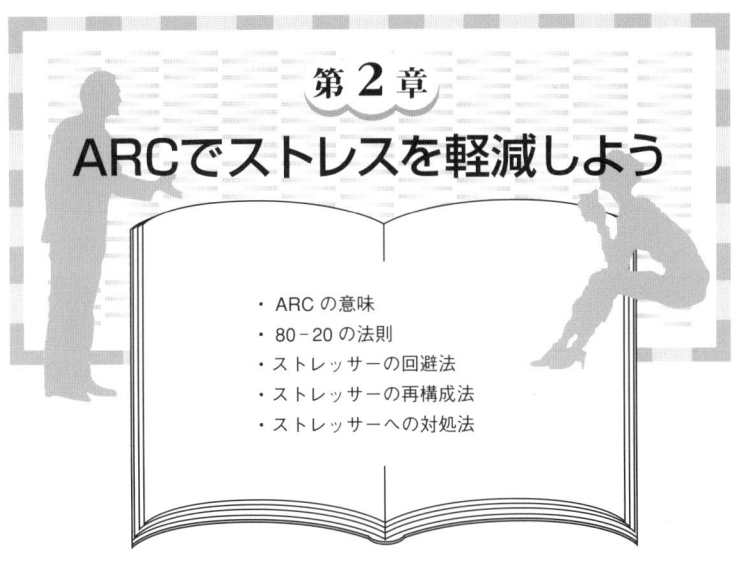

- ARCの意味
- 80-20の法則
- ストレッサーの回避法
- ストレッサーの再構成法
- ストレッサーへの対処法

1 ARCの意味

ARCとは，
- 避ける　　（Avoid）
- 再構成する（Reframe）
- 対処する　（Cope）

の頭文字であり，生活上の多くのストレスを取り除く方法を階層的に表わしたものである。

この考え方はとても単純である。自分の生活をみずから観察し，何がおもなストレッサーであるかを分析する。ストレッサーは2つのおもなカテゴリーに分類される。それは，外的な条件に由来するストレッサーと，内的な影響に由来するストレッサーである。あな

たは，生活のなかで何がストレッサーなのか知っておく必要がある。つまり，敵を特定しなければならないのだ！次に，避けることが可能なものは避けるように，生活パターンを組み直すことが必要だ。回避できないものに対しては，再構成（それらの認識の仕方を変える）する。もし，あなたが，避けることも再構成することもできない場合には，じかに対決しなければならない。

2　80-20の法則

80-20の法則とは，パレート（Wilfredo Pareto）という名のイタリア人経済学者によって発見された自然法則で，しばしば「パレートの法則」とよばれる。この法則によれば，得られる結果の80％以上は，原因の20％以下から生じるとされる。

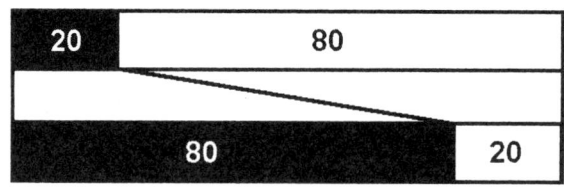

図2-1

この法則はきわめて直感に反する。あなたは原因と結果は正比例の関係にあると素朴に考えるであろう。しかし，ちょっと考えてみればわかるが，現実はまったくそうではない。

この法則を理解するために2，3の例を考えてみよう。
・スピード違反チケットの80％以上は，20％以下のドライバーから徴収されている。

・学校の 80 ％以上のトラブルは，20 ％以下の子どもたちによって引き起こされている。
・どの国でも 80 ％以上の富は，20 ％以下の人々によって占められている。

すると，あなたの生活上のストレスの 80 ％以上は，20 ％以下のストレッサーによって引き起こされていることが，きっとおわかりだろう。

> あなたの生活のなかで何がストレッサーなのか知っておく必要がある。つまり，敵を特定しなければならないのだ。

いわんとすることは明確である。もし，その 20 ％を特定し，それらを処理する方法を（ARC を使って）見つけることができれば，あなたは，優に 80 ％以上ものストレスを軽減できることになる！

もし，あなたがこのことに納得できない場合は，別の状況にたとえて考えてみよう。狭くてほとんどだれも通らない山道に沿って四輪駆動車を運転しているとする。カーブを曲がった時，道が崖崩れで塞がれているのが見えた。いくつかの巨石と，それより小さめの石がたくさんころがっており，そして崖崩れの大部分を占めているのは土砂である。

あなたはどうするか。

まず，巨石を取り除こうとするだろう！　なぜなら最もやっかいな障害物だからだ。次にそれより小さな石をどける。そうすればあとは土砂の上をそのまま車で通れる。

これは，人生を歩んでいく上で役に立つ方法に似ている。あなたは道を片付けるだけでいい。あちこちにある小さな石ころは気にせず，自分の道を前進するために，大きな障害物だけを片付ければいいのだ。
　あなたが今すぐできる最も大切なことは，時間をかけて，自分の生活を偽りなく見つめ，おもなストレッサーはどこにあるのかを確認することである。これには少々の時間がかかるし，ノートを手近に置いておく必要があるだろう。
　自分の生活をじっくりと見つめ，以下の項目についてあなた自身を評定してみよう。

時間：生活のなかで，大切なことをする時間が十分にあるか。
コントロール：安らぎを得られるくらい生活を十分コントロールできているか。
環境：あなたを取り巻く物理的な環境は快適か。

　比較的大きな問題を見つけ，まずそれらを解決することに専念しよう。比較的大きな問題を解決できたら，残りの小さなものは簡単に片付けられる。

3　ストレッサーの回避法

これまでずっとやってきたことをやり続けるなら，これまでずっと得てきた結果が続く。
　あなたが最もストレスを感じているときを考えてみよう。外的原因は何だろうか。それらのうちどれを避けることができるだろうか。
・事務書類を扱うシステムが効率的ではなく時間を浪費していると

気づいたなら，そのシステムを掌握して自分にあったものを見つけるために尽力しよう。
・もしも特定の子どもがいつも諍いやトラブルを引き起こすなら，そうなる前に状況を沈静化する方法を見つけよう。
・学校でいつも忙しく，時間に追われていると感じるなら，時間の使い方をもう一度見直して，自分で時間を管理できるようになろう。

　これらは些細なことではないし，簡単にできるというつもりもない。実際，多くのことがらはけっして簡単ではない。もしも簡単にできるのなら，あなたはすでにやっているはずだ。
　要はものごとのやり方を変える必要があるのだ。さもなければ，同じ問題を抱えたままになる。
　もちろん，避けられない大きなストレッサーがいくつかあるだろう。もしそうなら，認識を再構成してみよう。

4　ストレッサーの再構成法

　これまでずっと見てきたものを見続けるなら，これまでいた場所に居続けることになる。
　あなたが最もストレスを感じているときを考えてみよう。内的原因は何だろうか。
　あなたがものごとをありのままに見ているわけではないということに気がつこう。そのときのあなたの状態によってものごとの見方は変わるのである。あなたが世界を見るとき，世界は，あなたが身につけているレンズの色を帯びるのである。もしもそのレンズが完璧ではないのなら，世界の見え方はゆがむのだ。

ストレスは，個人に特有であるという，最初にふれたポイントを覚えているだろうか。だからこそ，あなた自身が，あなたのレンズのデザイナーなのである！
　あなたのレンズを変えなくてはならない。
例を示そう：

　いつだったか，極限を超えたストレスを感じている副校長に出会ったことがある。その状況は，ある生徒に対してひどい暴行を加えた少年に副校長が対応しなければならないというものだった。その少年は動かしがたい証拠を前にして，それを否認していた。この副校長は，この少年と意思の疎通を図ろうとして思案に暮れ，極度に動転し倒れる寸前のところまできていた。

　副校長と私はかなりの時間話し合った。そうするうちに，彼女は，これは自分の問題ではないということに気づき始めた。彼女は完璧に正しく，正直で，公正で率直であった。彼女にはまったく問題がなかった。うそつきで不誠実で，まったく不愉快なのは少年のほうであった。問題は完全に少年の側にあったのだ。

　彼女は腹を立て，いらだっているという状況にあった。彼女は完全にはそのことを正しく認識していなかったが，その状況は彼女が弱っている兆候である。その少年は（権威をもっているはずの）だれかに，弱さと力のなさを感じさせることを徹底的に楽しんでいたのである。

　彼女は，自分自身をコントロールできていると考えていたが，現実は，彼女自身のコントロールを非常に未熟な少年に渡してしまっていた。実際，少年に操られていたのである。

　この少年は，意識してのことかどうかはともかく，みずからの行動によって副校長たる彼女のいらだちと怒りのレベルをコントロー

ルしていたのである。

　いったん彼女が自分のレンズを再調整すると，彼女はすぐに前進する方法を見つけた。彼女は戦いの場に戻った。

　数分後，少年は，与えられる罰を受けることを望み，みずからの暴力を完全に償おうと決心して，涙をあふれさせながら彼女のオフィスから出てきた。

　少年もまた，新しいレンズをとおしてその状況を見たのである。

　これが，再構成するということである。

　あなたが常に最善を尽くし，最も高いレベルで仕事ができている限り，心配するようなことはまったく何もない。
・もしもある子どもがけんかをしたがっているならば，それはあなたの問題ではない。それはその子どもの問題である。しかし，教師である限りあなたはそれを解決する手助けをしなければならない。
・ある同僚が不愉快であると感じているならば，それはあなたの問題ではない。あなたはその同僚に，本当にほしいものを手に入れるための建設的な戦略をとっていないということに気づかせる必要がある。もしもあなたにそれが無理なら，それについてくよくよするのはやめよう。

　再構成するために，以下のことを自分自身に問う必要がある：
・それは実際にだれの問題か
・結局バランスを失っているのはだれなのか
・だれがよくない行動をしているのか
・だれが害をもたらしているのか
・だれが弱っているのか

その問題が本当はだれのものなのか見極めよう。

それが本当にあなたの問題ならば解決していただきたい。もしもあなたの問題でないのならば，ストレスを感じる必要はない！

重ねていうが，私はけっしてこれを些細なことだといっているのではない。このことに多大な時間と労力を注ぐ必要があることは理解している。みずからの意志で自分のレンズを変えるのは簡単ではない。もしもあなたがこれまでに他の人々の問題の責任を負うことに生活のかなりの部分を費やしてきたとすれば，これを一夜で変えることはできない。

新しいスキルを身につける必要があるかもしれない。もしもあなたが過剰に親切だったり，威張り散らしたりしがちであるのならば（これらは両方ともストレスを引き起こす），あなたはアサーティブな行動を身につける必要がある。

5　ストレッサーへの対処法

いうまでもないことだが，たとえ生活上の多くのストレスを避けることができ，たくさんのストレスを再構成できたとしても，必ずいくらかのストレスは残る。これは仕方がないことであるが，ただし能率－ストレス曲線を思い出してみよう。人生には，少し活力を加えるために，ある程度のストレスが必要なのである。

ストレスに対処するために，あなたは十分な復元力をもつ必要がある。身体的にも精神的にも復元力が必要なのだ。

教職はストレスにあふれている。それ以外のものにはなり得ない。人に対応し，変化に対応し，そして自由気ままに行動することがほとんど許されない仕事はどれもストレスにあふれている。

あなたが優秀な教師であり，同時に幸せな人間でありたいのなら

ば，復元力が必要である。

　次からの3つの章でこれについて説明する。

6　まとめ

・ARCを身につけよう：回避，再構成，対処である。これは階層となっている。
・80-20の法則を活用しよう：生活上の主要なストレッサーを特定し，まずはそれらを解決しよう。
・できるだけたくさんのストレスを「回避」できるように生活を再設計しよう。
・あなたのレンズが透明で歪みがないか常に点検して，ストレッサーを「再構成」しよう。
・十分な復元力をもって，生活上のストレスに確実に「対処」できるようにしよう。

第3章 身体の復元力

- はじめに
- 呼吸法
- 体重と栄養
- 運動
- 休息
- 深い筋弛緩

1 はじめに

　人類は，およそ3,400万年前から，私たちとそれほど違わずにこの地球上で暮らしている。この期間のほとんどの間，人類は野生生活をしてきた。狩をし，食糧を調達し，一族で協力しながら生活し，若い年齢で死を迎えてきた。

　人類社会は過去数千年で急激な発展をとげたが，私たちの基本的な生物学的欲求は，古代人のそれとまったく同じである。人間は現在，自然のなかでの生活からは考えられる限りかけ離れているといってもよい生活を送っている。将来に発生するかもしれない革命でさえ，私たちの自然環境からの隔絶の度合いにはほとんど影響を与えない。

　日常私たちがふれるものだけでなく，口にする食品，消費する飲

料水，呼吸する空気に含まれる，概算して1万もの，自然には生み出されない化学物質によって，私たちの身体は常におびやかされている。仕事の大半はデスクワークである。多くの人々にとっての気晴らしといえば，テレビの前に座ることであったり，アルコールを飲むことであったり，場合によっては両方なのだ！

私たちはゆりかごから墓場まで身体を痛めつけている。子どもはもはや屋外で遊ばず，何時間もテレビやコンピューターの前で過ごしている。たいていの人はどこに行くにも車に乗る。長い間テレビの前で過ごし，化学物質で改良されたインスタント食品を口にする。

欧米社会では，ほとんどすべての人が身体的なストレスにさらされており，彼らもいったい何から始めたらよいか戸惑っている。

そこで，一番最初から始めてみよう。

2 呼吸法

人間はみな呼吸するが，ほとんどの人はまちがった呼吸をしている。

空気を吸いこむ時，胸腔のなかに不完全真空をつくり出す必要がある。このため，胸腔を膨らませないといけない。空気を吐き出すときは，その反対のことをする。

この圧力変化の調節には2つの方法がある。

まず，一般的なのは，胸の上下動を生み出す胸郭を，広げたり縮ませたりする方法である。この方法は胸式呼吸といわれ，非効率きわまりない。

2つめは，横隔膜を胸腔に出し入れする方法である。胸郭は動かない。この方法は（腹部が上下に動くので）腹式呼吸といわれ，正しくかつ自然な呼吸法である。腹式呼吸はたいへん深い呼吸を生み

出し，より健康のためになる方法である。もしもあなたがこれについて納得したいのなら，寝ている赤ん坊を探して注意深く観察してみるといい。まちがいなく，その小さな腹部が上下に動いていることに気づく。赤ん坊は悪い姿勢や下手な呼吸習慣を学習していないので好都合なのである。

　呼吸するための姿勢の重要性をみくびらないでほしい。ここにちょっとした実験がある。この実験はすぐにやってみることができ，また座っていようが立っていようが実行できる。両肩を腰よりずっと前に出して，お腹が押さえ込まれるように，できる限り前かがみになる。そしてできるだけ深い息をしてみよう。次は，背筋を伸ばしたバランスのよい姿勢にもどり，再び息を吸い込んでみよう。

　直立しているときに，どれだけずっと多くの空気を肺にとりこめるか，わかっただろうか。簡単にいえば，前かがみになると呼吸の能力は減少するのである。（これはあなたのクラスの子どもたちにも当てはまる。教室での第1の規則は「まっすぐ座ること」にしよう。前かがみになると呼吸の効率が落ち，その結果，酸素不足のため脳の活動が低下する。）

　腹式呼吸を練習するには，楽な，しかし背筋を伸ばした姿勢で座ってみよう。片手を広げ，胸骨の上，胸郭の下端に置き，もう片方の手を広げてちょうどお臍の上におく。息を吸うときには，胸郭は動かずお腹が膨らむのを感じるはずである。息を出すときにはお腹がへこむのを感じるはずだ。

　立っているときには，自然で楽に立ってみよう。お腹を押さえたり胸をつきだしたりしないようにしよう。座っているときには，肩が腰の上にくるように背筋を伸ばして座ろう。座っているときも立っているときも，けっして前かがみにならないようにする。

　腹式呼吸は非常にリラックスできる。深い腹式呼吸を数回行なう

だけで（30秒やそこらでよい），気持ちが穏やかになり，気分が落ち着き，その1日がまったく新しいものになる。

3 体重と栄養

　この節は気にさわるかもしれないが，どうか読んでいただきたい！

準備するもの：
・大きくて頑丈な紙袋（ビニール製ではないもの）を1つ
・姿見を1つ
・完全なプライバシー

やり方：
①衣類をすべて脱ぐ
②頭から紙袋をかぶる
③紙袋のなかから外が見えるように穴を開ける
④鏡で自分自身を見る

　何が見えるだろうか。
　紙袋をかぶったときにあなたがデミ・ムーアのように見えるか，それともブルース・ウィリスに見えるかを尋ねているのではない。あなたが自分を正しく見るかどうかが問題である。あなたがそうありたいと望んでいるように見えただろうか。
　どうか信じてほしい。あなたが今見ている姿は，他のだれもが見ている姿なのである。なるほど，たしかにほとんどの時間，身体は衣類で覆われている。しかし，衣類は良い体型を強調することはで

きても，悪い体型を隠すことはできない。

　もしもあなたが裸のときに猫背なら，衣服を身に着けていても猫背であり，だれひとりとして猫背ではないと思わない。もしあなたが，体重超過だが服を着ているからわからないと思っているなら，その考えは捨てることだ！　そうではないのだ。

　あなた自身のためになるのだから，どうか直視してもらいたい。あなたがどのように見えるのか，周りの人たちは正確に知っている。

　そしてこれからはあなたも自分を正確に知るべきである。

　なぜなら，あなたの体重は見た目に関係するだけではない。もっとずっと重要な健康に関係するからである。

　次のような3つの基本的な体格があるといわれている。
1）　りんご体型：ウエスト周りに脂肪が蓄えられている
2）　洋ナシ体型：臀部に脂肪が蓄えられている
3）　グレイハウンド犬体型：全体的に脂肪が蓄えられていない

　肝心なのは，これらのどの体型であっても，体脂肪がコントロールされているかぎりは見栄えが良いということだ。しかし，（たとえば）スリムなりんご体型は，グレイハウンド犬体型にはなり得ない。あなたの体型は変えられない。もしも自分の体型がイヤだというなら，あなたは慎重に両親を選ぶべきであった！

　この3つの体型のうち，最も体重のコントロールを必要とするのはりんご体型である。なぜならば，りんご体型の人は，皮下にだけでなく，腹腔内，重要な内臓の周囲にも脂肪を蓄えているからである。体重超過による問題の多くは，この脂肪により引き起こされる。これは肥満ではなく，たんなる体重超過の話である。

　かつて，脂肪は贅肉であり，かなり不活性な物質であると考えら

れていた。今では，これがまったくのまちがいであるということがわかっている。脂肪は，いろいろな化学物質を生み出す非常に活発な物質なのである。腹腔の脂肪は肝臓に対して直接化学物資を放出する。肝臓への影響があまりに大きいと，代謝症候群とよばれる状態を引き起こす。これはとても簡単に測定できる2つのデータによって判別できる。まず1つ目は，ウエストであり，男性であれば35インチ（約89cm）以上か，女性であれば30インチ（約76cm）以上かである。第2は高血圧である。もしあなたが2つの指標にあてはまるならただちに対策をとる必要がある。

◆ BMI（Body Mass Index）

　これは，理想とされる体重に対する自分の体重を示すため，身長と体重の比較から求められる，かなり大まかな指標である。以下の2つのたいへんに重要な要因を考慮に入れていないという点で，非常に大まかである。

　第1の要因は，総体重は脂肪量だけではなく筋肉量にも左右されるという点である。筋肉は脂肪よりも密度が高い。したがって，とても筋肉質な人は，体重超過を示す高いBMI値を得ることになる。筋肉が少ない人は実際よりも脂肪が少ないということになってしまう。

　第2の要因は先にふれた点である。危険性を示す指標は，本当は体脂肪の総量ではなく，脂肪がどの部位に蓄積されているかである。

　数字好きでこの類のものに興味がある人のために，BMIの公式を紹介する：

$$\{体重(kg)\} \div \{身長(m)\}^2$$
$$\{体重(ポンド) \times 705\} \div \{身長(インチ)\}^2$$

BMI	指標
< 18.5	低体重（やせ）
18.5 - 24.9	標準体重
25.0 - 29.9	やや肥満（肥満1度）
> 30.0	肥満（肥満2度以上）

　くり返すが，BMIよりも，ウエストの値のほうが，腹腔内脂肪の危険水準を予測する指標としてずっと正確である。鏡の前で正直に姿を見て現実をチェックすることのほうが重要である。
　もしもあなたが体重を減らす必要があるのならば，次の4点が大事である。
・食事を減らす
・正しい食事を心がける
・ゆっくり体重を落とす
・運動する
これらをひとつずつ見ていこう。

◆ 食事を減らす

　欧米人は，満腹感を与えない肉類や他の動物性食品を非常に多くとり，満腹感を与える食品は比較的少量しかとらない。この場合の答えは，実際，非常にわかりやすい。肉類の量をもっと減らし，未精製の穀物，野菜，果物などをもっとたくさん食べればよい。あなたの総カロリー摂取量は減るし，動物性脂肪の摂取量も減る。
　手早く食事をとることは必ず過食と，体重の増加につながる。ゆっくり食べれば，このような問題は避けられる。その理由はきわめて簡単である。脳が身体からの信号を受け取り，食欲を制御している。この信号のやりとりには時間がかかる。もしも食べるスピード

が早過ぎれば，もう十分食べたという信号が脳に到達するのが遅れ，たくさん食べてしまったずっと後になる。したがって，結果的には食べ過ぎてしまうことになる。

あなたの胃が空のとき，グレリンというホルモンが産出される。グレリンは視床下部（大脳辺縁系の一部）に，空腹のサインを発信せよという信号を送る。だから空腹を感じ，食べ始めるのである。グレリンの濃度は胃が満たされるに従いゆっくりと下降し，空腹感は減少する。

小腸に食べ物が到達すると，小腸からPYYというホルモンが分泌され始める。このPYYが今度は，養分が吸収され始めたので食べるのをやめる頃合だという信号を視床下部に送る。ただし，くり返すが，このように作用するには時間がかかる。

これは典型的な時間の遅延をともなうバランスシステムである。たとえると蛇口を使って長いホースを通過する水の流れを調整することに似ている。蛇口をひねると水がホースの出口にたどり着くまでに時間がかかる。同様に，蛇口をひねって水を止めても，水の流れはすぐには止まらない。もしあなたがホースでバケツいっぱいにしようとしていて，バケツがいっぱいになったそのときに水を止めたら，あふれてしまう。水はしばらくの間流れ続けるからである。あふれさせないようにしたいのならば，バケツがいっぱいになる前に水を止めなければならない。

空腹ホルモンと満腹ホルモンのシステムどうしのバランスをとるには，食べたときに身体が脳と交信するのに必要な時間を確保できるよう，ゆっくり食べなくてはならない。

もちろん，ゆっくり食べれば，食べ物をよくかむようにもなる。このことは消化を大いに助け，口のなかでより長く旨みを味わうことで，食事の楽しさも増す。

おばあちゃんの知恵は正しいのだ！　飲みこむ前にすべての食べ物を48回かむべきである。おばあちゃんはどうしてそうしないといけないかを正確には知らなかったが，いまや読者は知っている。ゆっくり食べたいなら，テレビを見ながら食事をするのを絶対に避けることだ。テーブルに着き，家族の会話をうながしながら食事をしよう。

　食事のときに水を飲むのも食事の量を減らすのに役立つ。昔のヨガ行者は次のように忠告している，胃の2分の1は食べ物，4分の1は水分，4分の1は空気でなければならない。イスラム教徒は食事が食べ物，水分，空気の3等分でなければならないと忠告している。現代医学はこれほどには規範的ではないが，毎回の食事で少なくともグラス1杯のワインまたは水を飲むことを推奨している。

◆ 正しい食事を心がける

　食は身体を現わす。実際には完全に正しいわけではないが響きはよい。次のように言い換えた方が正しい。消費して代謝したものが身体を現わす。

　アフリカの平原にいた人類の祖先は，旬の果物，穀類，豆類，液果類，そして時折の肉類などにわたり，非常に変化に富んだ食生活を送っていた。農耕が発展し定住が定着してから，食生活はそれほど変化に富むものではなくなったが，それでもまだ健康と成長に必要な基本的栄養素を含んでいた。

　私たちの食生活における主要な栄養素のほとんどはごく少数の食品群に分類できる。

全穀類：黒パン，玄米，小麦，大麦
植物性油：オリーヴ油，カノーラ油，大豆油，ひまわり油，くるみ油

野菜：緑葉野菜，根菜
果物：りんご，洋ナシ，バナナ
ナッツ類・豆類：ピーナッツ，えんどう豆，豆
魚・鶏肉・卵：油っこい魚，チキン，シチメンチョウ，卵
日常食品・カルシウムサプリメント：牛乳，チーズ，ヨーグルト
赤身肉・バター：牛肉，羊肉，バター
精製炭水化物：白米，精白パン，パスタ，むきポテト
追加として適量のアルコール類
（それぞれのグループの項目はすべてを網羅したものではなく，典型的な食品を実情に合わせてわかりやすく並べたものである。この食品群のリストは決まった順に並べてある。リストの上位は食生活で大きな比重を占めたほうがよく，下位にいくほど摂取を少量にした方がよい食品である。）

　興味深いことに，リストの上位にいくほどPYYホルモン（満腹ホルモン）をより多く分泌させる食べ物である。これが意味することは明らかである。もし空腹でたまらないときに手っ取り早いおやつが必要ならば，甘いものやチョコレートバーは適当ではない。最近では穀類とシリアルを含むもっといいおやつが入手できる。ただし，忘れないでほしいのは，ホルモンの分泌には時間がかかるということだ！　ゆっくり食べなければならない。

　調理方法について，すぐに実行できるアドバイスがある。野菜は蒸して食べればいいのだ！　蒸しても水溶性ビタミン類（ビタミンB群とビタミンCとビタミンK）が野菜から出ていかないので，かなり健康によい調理法である。電子レンジは同じ理由で，あらゆるものの調理において優れている。

　現代の食生活は，流通による世界的な食品交流にもかかわらず，あまり変化に富んでいないことが多い。手に入る食品は栄養面にお

ける必要性からではなくむしろ輸出業者や販売業者の都合で過剰に精製されている。それらは保存期間を延ばし，味覚をくすぐるために化学物質を使って機能強化されている。

　互いに矛盾した栄養指導が実に多く存在し，とくに動物性たんぱく質を含む食習慣，菜食習慣，もっと極端な菜食主義の食習慣についてのものがそれに当たる。この問題についてはいつまでも結論にはいたらない。ヒトの歯の状態，胃内細菌，胆汁酸の分泌具合，ビタミンの欲求からすると，人類は雑食性であり，ゆえに肉類は食生活の重要な一部であると，私自身は思っている。しかし，これらの主張や信念が正しいのかどうかについてはまったく不明である。それにもかかわらず，あらゆる趣向のあらゆる食習慣主義者たちの意見が一致する筋のとおった言説がひとつだけある：

　生鮮食品，未精製食品，化学調味料未添加食品，そして多種類の食品を食べることが健康によいことである。

　簡単な例をあげると，
・瓶詰め，フリーズドライ，冷凍のものよりも，新鮮なフルーツや野菜を食べること
・加工食品を避けること，とくに塩分や糖分の加えられたもの（加工食品すべてに当てはまるのだが！）を避けること
・すべての食品群から，健康にいい品数と割合で食べること
・食事のなかの動物性脂肪の量を減らすこと
・食事のなかの精糖と炭水化物の量を減らすこと
・魚をもっと摂取すること

　食物ピラミッドは，非常に簡単かつ強力な助けとなる。かつては米国農務省食物ピラミッドと説明用の小冊子だけしかなかったが，現在はハーバード大学の教授ウォルター・ウィレット（Walter

Willett)による最新版がある。双方にはそれぞれの食品群の分類法で違いがあるが，それほど大きな違いはない。最も大きな違いは，ウィレット教授のピラミッドは，日常のエクササイズと体重コントロール法に基づいていることである。下に示したのは極端に簡潔化したものである。

2つのピラミッドとも（基本的には常識であるが）上に述べた忠告を裏書きするものである。

もしも毎食，それぞれの食品群の食べ物をおおよそ正しい割合で含まれるように，そしてそれぞれの食品群の品を毎日変えるように献立をつくるならば，食生活は理想に近づくことになる。

これは考えるほどはむずかしいことではない。分厚い黒パン（穀類パン）のチキンサラダサンドウィッチに，りんごかバナナと小さいコップ1杯のミルクを添えれば，望みうる限りバランスのとれた昼食になる。多くのパブで売られている，現代版の伝統的プラウマンズランチ（訳注：イギリスのパブで昼に出される軽食。チーズとバターのついたパンに，トマト，レタス，セロリなどのサラダとピクルスがつく）は，パンが黒パンであり，チーズが厚すぎず，サラダがふんだんに盛られているならば，非常に理想に近い。

たいへん興味深いことに，ほとんどすべての伝統的な食事は，食物ピラミッドに非常によく合致している。

余談ではあるが，一般に出回っている特定の食品添加物が，身体的・知的発達と，行動・態度の側面の両方に対して，若者に多大な悪影響を及

図3-1

ぼす恐れがあるという多くの証拠事例が存在する。また，刑務所からは，添加物の入っていない純粋な食品に基づく食生活は，ネガティブで破壊的な行動パターンを減少させるという証拠事例が報告されている。この分野に関する研究は十分には行なわれていないが，それでも，示唆するところは実に明白である。

　1日を通じて，定期的に水を飲むことの重要性を忘れてはいけない。水分が十分でないと，脳はけっして十全に機能しないし，また，体内には腎結石や電解質平衡異常のリスクがともなう。

　あなたの食物や飲料の摂取が健康的かどうかを判断するのはとても簡単である。排泄物を見るだけでよいのである。尿は綺麗な「明るい麦わら」色であればよい。濃すぎるようなら，もう少し水分が必要だ。便は硬すぎない程度に硬く，いくぶん明るい茶色であればよい。もしも硬すぎるならば，あなたの食事にはもっと繊維質が必要である。

◆ ゆっくり体重を減らす

　すぐに結果が出ると謳うようなダイエット法はすべて避けたほうがよい。安全でかつ早くできるようなダイエットは存在しない。体重を落とすのを急ぎすぎると，結局は体重を増加させることになる！　この場合もやはり，あなたの身体が変化に対応するには時間がかかることが理由である。これもまた，構造的な問題から生じる遅延時間をともなう収束ループの一例である。

　実際，体重減少という用語は広くいきわたっているにもかかわらず，誤解を招く使い方がされている。問題を混乱させないように言い換えると，ほとんどの人が必要としているのは体重減少ではなく，脂肪の減少であり，筋肉の増加なのである。筋肉は脂肪よりも重い。したがって，どれだけ体重を減少させれば適切かを明示するのはほ

とんど不可能である．もしもあなたが手早く筋肉をつけたならば，体重が増加することにすぐに気づくだろう．

こういうわけで，体重という尺度だけに頼ってはいけない．それは重さを示すだけであり，痩せているか太っているかの比率を示すのではない．あなた自身の身体への認識がよい指針である．もしもあなたの感覚や見た目でよくなったと感じたら，正しい方向に進んでいる．あなたの感覚や見た目が最高になったと感じたら，健康なあなたがそこにいるのだ．

身体に脂肪を蓄える仕組みには私たちの遺伝子が関係している．人類は飢饉の時期に対抗する復元力をもつよう，長い時間をかけて進化してきた．飢饉に対して生き残るのに最善なのは，食料が十分にある時期に，超過したカロリーを脂肪という形で蓄えておくことのできる身体である．いざ飢饉のときには，蓄えた脂肪がエネルギーを供給して消費される．脂肪を蓄えられない身体は，遺伝子のプールから消え去ったのだ．私たちは生き残った者の子孫である．それゆえ脂肪貯蔵遺伝子をもっている．このことが，昔は大いに私たちの役に立ったのだが，しかし現在ではそうではない．私たちの身体はいまだに，摂取した過剰なカロリーを可能な限り貯蔵するようにプログラムされている．

新陳代謝の速さは，他の何よりも体重に強く依存している（超過した体重を新陳代謝が遅いことのせいにするのは慰めになるが，しかし全然根拠のない話である）．実際のところ，カロリー摂取を減らしたときには，あなたの身体は飢饉がやってきたと考え，それを埋め合わせるために新陳代謝率を低下させる．体重が減少すると新陳代謝率は同じ割合で落ちる．それゆえ，知る必要があるのは，エネルギーを消費する割合を低下させるのに，脂肪の蓄積と新陳代謝率の低下という2つの要因が関係すること，である．

もし，目標体重に達したときに，以前の食事パターンに戻したならば，新たな，いまや遅くなった新陳代謝は，以前よりもずっと効率的に脂肪を蓄えることになる。たしかに，新陳代謝率は体重増加とともに上がるが，しかし，身体は脂肪を蓄えるようにあらかじめプログラムされているため，代謝率が上がるまでに長い時間がかかる。

　すでに一定のパターンがわかったのではないだろうか？

　体重を落としたら，その後，もっと体重が増える。それから再び体重を落とすと，さらに体重が増える。

　しかし心配する必要はない。打つ手はある。このヨーヨー効果（ヨーヨーのように上下に変動する。ただしこの名称は不正確ではあるが）は避けられないわけではない。必要なのは，どのようにそのシステムが機能しているのかを知ることであり，そして，このシステムに逆らうのではなく，むしろこのシステムと仲良くすることである。

　3つの基本的な方法で対処すればよい。

　第1に，すでに述べたように，基礎代謝率は体重に強く依存するが，しかしもう1つ別の要因が関係する。筋肉は脂肪よりも多くのカロリーを燃焼させる。したがって，もし身体の脂肪量が減少し，同時に筋肉量が増加すれば，代謝量はそれほど低下しない。体重コントロールプログラムは，脂肪減少と筋肉量増加の2つの課題の解決をめざす必要がある。

　第2に，計画的な方法でカロリー摂取を徐々に減少させるべきである。たしかに身体は新し

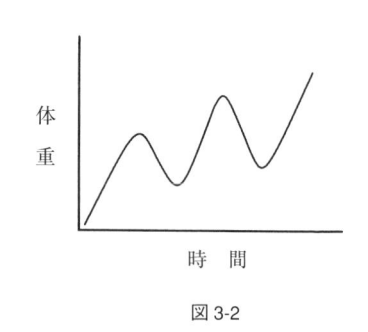

図3-2

い減少した摂取量に反応するのだが，その反応は即応的なものではない。「たいへんだ，深刻な飢饉が来たみたいだ」といった風な反応ではないのだ。代謝量はより緩やかに低下し，少しずつ減少する体重に対して少しずつ近づいていくのだ。

　第3に，エネルギーの消費を増やす必要があり，したがって脂肪をエネルギーに変換する能力を増す必要がある。もっと活力が必要である。つまり，必要なのは次節で述べる運動である。

4　運　動

　注意：慣れていない運動法に着手する前に，医師に相談すべきだ。これを怠ると，深刻な，場合によっては致命的な結果となる場合がある。医師はあなたに偽りのない健康証明書を出すためには，喜んで10分ほどの時間を割いてくれる。医師は，そうするのが好きだから医師なのだ！

　運動はストレスを取り除く最適な方法の1つである。身体的あるいは精神的活動に深くかかわっているときには，ストレスを感じることはない。運動に専念することは，すばらしく健康を増進させるリラックス法である。

　運動について深く考えてはいけない！　運動という言葉は，多くの人にとってネガティブなことがらを連想させる。そのかわりに，活動と考えたほうがよい。こうすることで，どうすれば活動的であり続けられるかと考えているときの助けにもなる。あなたにとって必要な活動のタイプについてのアイデアを得るためには，祖先のことを考えるだけでよい。生き残るために，彼らはどんな種類の活動をしなければならなかっただろうか。あなたの活動を祖先と似通った特徴に近づける必要がある。

私たちの先祖の生活は，私たちのそれとはかなり異なっていたと考えても支障はない。骨格や筋肉の違いから，このことははっきりとわかっている。今日，世界の一部にいまだ存在している原始社会は，このことに対するひとつの証拠である。彼らが行なっていたと思われるさまざまな身体活動と，それぞれに要求される身体能力についてちょっと考えてみよう。ここに，男性が日常生活の一部として行なってきたいくつかについての簡単なリストがある。女性については女性が自分で調べてみよう。

　　狩り　　忍び足，優雅さ，速さ，強さ，スタミナ，柔軟性
　　釣り　　器用さ，手と目の協応
　　採集　　スタミナ，視力，柔軟性
　　戦い　　スピード，反射能力，強さ，柔軟性
　　道具の作成　手と目の協応，器用さ，根気
　　つれあう　スタミナ，柔軟性
　　ダンス　　スタミナ，優雅さ，柔軟性，リズム感

　もしも女性について調べてみたなら，活動が異なるかもしれないが，男性と同じ身体能力が含まれているはずである。
　あなたはアフリカの平原に住んでいる有史以前の人類ではないが，しかし最適な健康のために，類似の身体的能力をいまだ必要としている。もしそれらのうちいずれかが欠けているならば，あなたは，祖先が彼らの社会のなかでそうであったのと同じように，現代の社会で生存するのに適さない。
　適度な健康と，身体的ストレスに対する適度な復元力には，3つの主要な側面が関係する。それらは次のとおりである。
・筋肉の強さと耐久性
・有酸素能＝スタミナ

・柔軟性とよい姿勢

◆ 筋肉強化と持久力

　筋肉は明らかに異なる2種の線維によって形成されている。遅筋（タイプⅠ）線維と 速筋（タイプⅡ）線維である。これらの名前はそれぞれの機能をよく表わしている。2つのタイプがどれぐらいの比率で身体に付いているかによって筋肉の特性が決まる。速筋線維の割合が高ければ筋力が優れているし，遅筋線維の割合が高ければ持久力が高いことを示す。当然のことながら，運動の量と中身が，筋肉中のそれぞれの筋線維の量と割合を決定する。

　必ずしも大きな筋肉をつくる必要はないが，しかしよく締まった筋肉になるように心がけなければならない。ある有名な心臓外科医は，どんな外科的処置をする前にも，患者の大腿を触ってみたといわれている。もしもそれが締まっていれば，彼はこれから手術する心臓が健康なものであり，それが締まりのないものであれば，心臓は同様に締まりのないものだとわかったのだという。このことは男女ともに当てはまるとのことである。

◆ 有酸素能

　有酸素能とは，筋肉や必要な臓器に，十分な栄養と酸素を運ぶことができる強く効率的な心臓とよい循環器系をもっていることを意味する。これを獲得するための唯一の方法は，20分以上，通常60分以下の時間，有酸素域での運動を行なうことである。有酸素運動とは，筋肉が，一定の労力が要求されるのに十分であるが，しかし心臓血管系による燃料と酸素の再供給ができないほどは激しくない程度に運動している状態をさす。心臓や循環器系が強くなるほど，有酸素能の水準も高くなる。

有酸素域での理想的な心拍を算出できる簡単な公式がある。最大安全心拍（＝ 220 －年齢）を計算し，そのうちの 60-75％の間に心拍を維持するというものである。この公式をめぐってあらゆる試みが行なわれてきたが，私は，そんなものを一切無視するようにおすすめしたい。この公式は，個人の全般的な健康状態や，日によって変化する活力を一切考慮に入れていないからである。

　有酸素運動をするためのもっと簡単で信頼できる方法は，運動しているときに，たんにだれか（もしくはあなた自身）に対して話しかけるか，口笛を吹くことである。心拍数を上げるために十分なくらい激しく，しかし話したり口笛を吹いたりすることができる呼吸能力がまだある限り，適切な範囲で運動しているといえる。もしも息が切れてきたら，安全な範囲を超えたという明快な目安なのでペースを落とす必要がある。

　有酸素運動には，元気よく歩くことから系統的なエアロビクス教室まで，多くのメニューがある。自分が楽しめそうなものを選んだらよい。

◆ 柔軟性とよい姿勢

　身体に適度な柔軟性があれば，理由なく筋肉の凝りや関節の不具合に悩まされることは確実になくなる。柔軟であるいうことは，筋肉に柔軟性があるということであり，血流がたやすくエネルギーを供給し，廃棄物を運び出すことができるということである。弱くて締まりのない筋肉は柔軟ではないので，柔軟性は強さをも意味する。よい姿勢をとれば効果的・効率的に移動でき，よいバランスを保つことができる。

　ヨガは，群を抜いて知名度と人気の高い柔軟性の訓練法である。ヨガはまた，ポーズをとり，ポーズを解く際のゆっくりした優雅な

動きを通じて良い姿勢の発達をうながす。昔，小学校でしたような，身体を前に倒す運動，横に曲げる運動なども，ほとんど同じくらい効果があり，また身近な運動である。

　あなたが最新のハイテク装置の誘惑に負けない限り，最もよい運動というのは一切費用がかからない。もちろん，フィットネスクラブに行って会費を納めてもよい。しかし，ほとんどの人は会費を払ってもその後利用しない羽目になることを心に留めておく必要がある。つまり，そうすることで生活にいっそうのストレスを自分から加えることになるのだ！

　ウォーキングは，とりわけ最高でかつ万能の有酸素運動である。あなたの残りの人生で，毎日，元気よく2，3マイル歩いたなら，必ず，歳をとるまで強く健康な身体でいることができる。もしも証拠が必要なら，熱心にウォーキングをしている友人を考えてみればよい。すぐにその利点に気づくはずである。

　ウォーキングの利点は非常に多くある。ウォーキングは，
・身体の両側を均一に発達させる
・内臓に適度な刺激を与える
・血糖ではなく脂肪を燃焼させる（後に述べる忠告に従う限り）
・大脳の両半球が使用されるため，脳のバランスがよくなる
・姿勢とバランスを改善する
・心肺機能を増大させる
・さまざまな問題について考え解決する機会を与える
・自分のエネルギー水準に合わせることができる（高いエネルギー水準―速く歩く。低いエネルギー水準―さほど速くないスピードで歩く。）
・とにかく楽しい

これらすべては戯れ言ではない。ウォーキングについて本当のことをいったに過ぎない。

　最初はゆっくり歩き始め，そして5分ほどかけて徐々に速度を上げていく。このことにより，あなたの身体に，運動に対応する必要が起こりつつあることをわからせ，グリコーゲンと蓄えられた脂肪を血液中に結集させるために必要な手順をとらせる。ウォーミングアップの段階で，歩いて脂肪を燃焼するための準備でもある。

　めざすべきウォーキングのペースは，足早ではあるが，会話をし続けるのに十分な呼吸ができるくらいが丁度よい。こうしている限り，有酸素域に留まり続け，筋肉中でグリコーゲンと脂肪を燃焼することができる。少なくとも20分このペースを保ち続ける必要がある。

　筋肉中の乳酸（筋肉を激しく動かしたときの副産物）を取り除くために，ウォーキングが終わりに近づいたときには，再びペースを落とそう。これはクールダウンの期間であり，過度の凝りを予防するために必要である。

　自分が，その土地を視察中の，領地の有力な貴族か淑女であるとイメージし，その（イメージでの）地位にふさわしい優雅さと美しさをもって，あたりを見渡しながら歩いてみよう。自然に腕を振り，「身体で」考えてみよう。

　実は，毎日の活発な歩行ほど，身体の状態を改善し，よい状態に保つための楽しい方法はない。再び筋肉を伸ばし柔軟性を増すために，ウォーキングのあとに穏やかな屈伸を付け加えるのもいい。

　プールを手軽に利用できるならば，水泳もまた，優れた万能の運動である。水泳では抵抗に逆らって筋肉をはたらかせるので，筋肉を引き締め，心臓血管の持久力を増加させる。とくに，ひざに問題のある高齢者にはよい！　もしあなたが40歳以上であるならば，

水泳を行なう前に医師に相談することが不可欠である。プールでの心臓発作は，あなたの家族にとって不幸なことだし，また，とくに，あなたを引っ張りあげないといけない人たちにとっても，気持ちのいいものではない！

ヨガやピラティスはいずれも，心と身体両方の調子を整えるための，人気のあるすばらしい方法である。身体の調子はポーズによって整えられる。これらのポーズは，より高いレベルでは，非常に厳格で難易度が高い。精神は，正しい身体的動作に深く集中することで落ち着ける。ヨガは本から学ぶこともできるが，熟練した，共感できる指導者がいるとたいへん有利である。ピラティスには絶対に指導者が必要だ。

格闘技はもう1つの，多方面に役立つ運動である。格闘技の技の多くは職業軍人によって現在の完成度にまで練り上げられてきた。軍人の生活を左右するのは，彼らの技術の有効性と，全般的な身体的健康の程度である。このような側面は，とくに伝統的な技において受け継がれている。

格闘技の技の一つひとつが，それぞれ異なる哲学と基礎に根ざしている。なかには空手のような「激しい」ものもある。空手は攻撃を無効にする防御と，破壊的なキックや突きから成り立つ。合気道のように「穏やかな」ものもある。合気道は，攻撃をかわすことを主としている。

格闘技では，身体的側面はもちろん，規律や精神的な機敏さもまた教えられる。相手の動きを「読み」，適切なスピードで反応することができるようにならなければならず，そのためには非常に卓越した精神統一を要する。

最も手軽な格闘技は太極拳であろう。初心者向けの訓練段階では，強さ，柔軟性，よい姿勢，呼吸，精神集中を促進するよう考えられ

た一連の単純な動作を中心に展開する。より高いレベルになると，いくつかの型で，より戦闘的な側面に重点がおかれ始め，スピードと機敏さが導入される。

いうまでもなく，テニスやスカッシュ，野球，ホッケーなど多くのゲームは，身体的健康のほとんどすべての側面を包括的に改善する。自分の性格や必要性に応じて選択すればよい。ただひとつなすべきことは，どれかを必ず選択するということである。

5 休息

毎日だいたい6時間から8時間の睡眠が必要である。もしもそれ以下の睡眠時間であれば，身体の組織全体に深刻な害が及ぶことになる。脳は，その日の情報を統合し処理するための機会を失うし，身体を回復させる機会やリラックスする機会を失う。

実用的なきまりを考え出し，それを守ることで，質の高い休息を確実に十分にとるようにつとめたい。
・就寝前3時間は刺激物を飲むのは避けよう
・就寝前2時間は激しい運動を避けよう
・就寝前には安らかな気分になろう
・リラックスした清潔で心地よい気分で就寝するためにシャワーまたはお風呂に入るもいいだろう
・寝室は他の部屋よりも涼しくしておこう
・できるだけ部屋を暗くしよう
・もしも入眠のために読書をするならば，できるだけゆっくり読み，刺激的でない本を選ぼう。入眠のための読書法は学習のための読書法とは正反対なのである。
・もし夜型人間であるならば，いいアイデアがある。目覚ましをセ

ットし，入眠の準備をするよう自分に言い聞かせることである。

これまでのあなたの標準的な入眠法がどのようなものであったとしても，十分な休息がとれるように身体の調子をあわせることは可能なのだ。努力と訓練が必要だが，あなたには必ずできる。

6 深い筋弛緩

身体が深く安らぐための時間をとることはきわめて重要である。この理由は実に簡単だ。リラックスした状態とストレスがかかった状態に同時になることはあり得ないからである。あなたがリラックスしているときには，あなたはストレスを取り除き，心身に，回復しみずからを修復する機会を与えているのである。

身体をリラックスさせるためには，2つの簡単な方法がある。奇妙なことに，両方を使うことのできる人はほとんどいないようだが，しかしだれもがどちらかは使うことができる。あなたにとってどちらが効果的なのかを実験してみよう。

どちらの方法でも，非常に安楽に腰かけるか，快適なベッドに仰向けに横たわる必要がある。いずれの方法も，（前述した）腹式呼吸を用いる。

座っているならば，頭と肩がおしりの上に来るように，背骨を自然に曲げて，両手をひざの上におく。

もしも仰向けに横たわっているなら，背骨はまっすぐに，首枕にのせて軽く起こし，頭は（十分に気管を開けるため）少しうしろに傾ける。

◆ **方法 1 ──同時リラックス法**

　この方法は，身体全体を同時にリラックスさせる方法である。ほとんどリラックスしていない状態から，少しずつ，完全にリラックスした状態になるまで続けるというのが基本的な考え方である。

1．あなたの腹部を膨らませることに集中しながら，4つ数える間，鼻からゆっくり呼吸する。
2．同じだけ数える間，お腹の筋肉を緊張させずに息を止める。
3．最大8まで数える間，わずかに開けた唇から，ゆっくりと完全に息を吐き出す。そうしながら，身体がより重く，よりリラックスするのを感じる。

　そのリズムは，（鼻から）息を吸って，2，3，4，止めて，2，3，4，（口から）出して，2，3，4，5，6，7，8

　完全にリラックスするまで，必要なだけ続けよう。リラックスしたかどうかテストするのは実に簡単である。かなりの努力をしない限り動くことができないはずだ。

　　注：呼吸，姿勢，そして深くリラックスした感覚に，注意を集中させること。とくに，丸い姿勢はいけない。さもないと，腹部に息を吸い込むことが十分にはできないようになり，胸式呼吸に切り替わってしまうからである。

◆ **方法 2 ──漸進的リラックス法**

　この方法では，自分の身体の各部分を順に旅して回る。頭から出発し，肩，腕へ下って行き，そして足にたどり着くまで下り続ける。そのリズムは上述したそれと同じである。

1．方法1のように，鼻から呼吸する。
2．方法1のように呼吸を止め，しかめっ面をして顔の筋肉を硬

直させる。これで首の筋肉も硬直する。
3. 少し開いた唇から息を吐き出しながら，顔の筋肉が完全に弛緩するまで，ゆっくりと顔の硬直を弛緩させる。
腕と肩の筋肉で，硬直させ，それから弛緩させるのをくり返す。

その後の順序は，腹部，臀部，大腿部，足である。

もしも望むなら，深くリラックスするまで，同じ順序（頭から足へ）で，あるいは逆順（足から頭へ）で，同じ周期をくり返してもよい。

よく似た方法を，もっと洗練された筋肉のグループ分けを使って詳しく解説したヨガの本があるが，本質的な違いはほとんどない。

この方法は，異なる筋肉のグループを分離するのに少し練習が必要だが，いったん習得すればすばらしい効果がある。

7 まとめ

- 腹式呼吸は，よりリラックスでき，かつ効果的な呼吸法である。
- 新鮮な食品からなる十分バランスのとれた食生活を心がけよう。できるだけ加工食品は避けよう。
- 体重を落とす必要があるならば，ゆっくりと，計画的に減量しよう。
- 新鮮な空気をたくさん取り込み，効果的な有酸素運動を行なおう。
- 十分で質の高い休息をとろう。
- リラックスした状態とストレスのかかった状態に同時になることはない。身体的に深くリラックスするための時間をひねり出そう。

第4章 こころの復元力

- はじめに
- 落ち着きスイッチをつくる
- 現実の聖域
- イメージ上の聖域
- 自分への語りかけ
- 音楽
- 心的イメージ
- 瞑想
- 日記をつける

1 はじめに

　脳は，自分で完全にコントロールすることができる非常に強力な機械である。しばしば，私たちは自分の思考の奴隷であるかのように感じるが，しかし，実際はその逆なのである。単純で強力なテクニックを使えば，自分の思考と，感じているストレスのレベルをコントロールできるようになる。

　ここで紹介する一連のテクニックがすべてというわけではけっしてない。何十ものテクニックを列挙した本はすぐに見つかる。それらのほとんどは，基本的な主題に変化をもたせただけである。ここで示すのは，その基本的な主題である。

　解説をよく読み，自分の性格やライフスタイルに合っていると思うものを選ぼう。だれにでも合うものは1つもないが，しかし，こ

の章で役に立つものを見つけられない人は1人もいないはずである。もちろん，あなたが使うことができない，あるいはけっして使わない何十ものテクニックについて少しずつ身につけるよりは，効果的に使うことができる1つか2つを徹底的に身につけるほうがずっと望ましい。

2 落ち着きスイッチをつくる

　自分ひとりでできる，もっとも役に立つことの1つは，落ち着きスイッチをつくることである。このテクニックは，アンソニー・ロビンス（Anthony Robbins）が神経連合的プログラミングに基づいて開発したものであり，単純な動作と，特定の反応や感情を結びつけるものである。一度この結びつきが十分に強くなってしまえば，その単純な動作を意図的にくり返すだけで，あなたが再現したいと望む反応や感情をつくり出すことができるようになる。（このテクニックに熟練してしまえば，あなたは，自分が望むならいつでも，自分流のやり方でどんな感情でも再現できる。）

　落ち着きスイッチとは，利き手の中指と親指をくっつける動作と，落ち着いた感覚とを結びつけることである。ひとたびこの結びつきができてしまうと，中指と親指をくっつけることで意図的に落ち着きを再現できる。この結びつきを十分に強めるためには，おそらく1週間ぐらいの訓練が必要だろう。

　妨害や喧騒から解放されたと感じることができ，しかも気が散るような外部からの刺激のない場所で，少なくとも10分間，完全に平穏で静かな時間をもつ必要がある。窮屈な服は着ないようにする。必ず，きつい靴は脱ぎ，ベルトや襟元を緩める。暑すぎず，寒すぎないように温度を設定しよう。すべてを完全に快適でくつろげるよ

うに調節しておくことが大事である。

　始める前に、完全にリラックスした身体にするために、簡単な屈伸運動をするとよい。腕を何回かゆっくり回し、胸を伸ばし、前、うしろ、左右に身体を曲げるくらいで十分だ。これは身体の緊張をできる限り取り除くことが目的である。しかしやりすぎると、心拍数が上がってしまう。緊張をほぐすのが目的なので、適切なことを適度に行なう。

　身体がほぐれたら、できるだけゆったりと椅子に座る。お尻をできるだけ深く、背中はしっかりと背もたれに、足はぴったりと床につけ、両肩がゆったりと身体の横にくるように。手は楽にひざの上におき、リラックスするために目を閉じて数回腹式呼吸をしてみよう。

　この訓練のために、複合呼吸がおすすめである。これは胸とお腹を使った呼吸法だ。まず、腹部で息を吸い込み、肺がいっぱいになったところで、胸部を膨らませさらにもう少し吸い込む。息を吐いて肺が空っぽになるにつれ、まず胸がひっこみ、それからおなかがひっこむ。

　さあ、利き手の中指と親指をかるくくっつけて、丹念に呼吸してみよう。

　息を吸うときには常に、清潔で、新鮮で、生命力にあふれた空気で肺がいっぱいになり、必要な酸素が体中にいきわたり、脳が活性化されるのを感じよう。呼吸によって知性が明晰になるのを感じ、呼吸するときの身体感覚にどれだけ集中できるかを注意深く観察してみよう。

　何度か行なえば、自分の胸の鼓動がはっきり意識できるようになる。それでいいのだ。どれだけの時間で息を吸ったりはいたりしているかを知るためのメトロノームとして、心拍を利用するのもいい。

身体のなかから発せられるあらゆる音も聞くことができるようになるかもしれない。

　数分間，呼吸を続け，リラックスして落ち着いた感覚に集中し続けよう。もしも歓迎できない厄介な考えが心に流れ込んできたなら，それが再び流れ出てゆくまで放っておこう。呼吸と，それ以外聞くことができる身体のなかの音に再び精神を集中するだけで，そのような考えははねのけることができる。怒ったり欲求不満を感じたりしてはならない。落ち着いた感覚が消えうせてしまう。

　これらができたと思ったら（できたときにはおのずとわかるはずである），ゆっくりと，元気と活気に満ちた状態に戻る準備に取りかかろう。呼吸するごとに10から0までカウントダウンし，ゼロになったときに，完全に覚醒した，何かを始めたくてウズウズしている状態になっていることに気づくはずである。

　この簡単な訓練を，毎日欠かさず，少なくとも1週間くり返す必要がある。そうすれば，深く落ち着いた感覚は，中指と親指に感じる圧力と結びつく。この結果，このようなほとんど目立たない動作を行ない，小さな声で「落ち着け」と頭の中でくり返すだけで，いつでも落ち着いた状態をつくり出すことができるようになる。

　こうすれば，自分にストレスがかかっていると感じたり，怒りがこみ上げてくるのを感じたりしたときにはいつでも，みずからの意思で自分を落ち着けることができるようになる。私はしばしば，教室のうしろに行き，このとおりのことをする。こうすることで，子どもたちが課題に取り組んでいる間に，彼らに目を配り指導する自分になれる。

◇◇

自分ひとりでできる,もっとも役に立つことの1つは,落ち着きスイッチをつくることである。

◇◇

3 現実の聖域

　私には特別な椅子がある。それはステレオの真正面にあり,その辺りは常にきちんと片付けられている。この椅子は私の聖域である。子どもたちが寝付いたあと,妻が会合に出かけているか,別の部屋で何かしているとき,時どきこの場所にやってくる。私の聖域は完全に落ち着ける安らぎの空間であり,そして,古い時代にあった聖域と同様,何人たりとも,ここに立ち入り,私を傷つけ,私の安らぎや平穏を乱すことはできない。イギリスでは,聖域をもつ特権は1723年に廃止されたが,わが家にはいまだ存在するのである！

　あなたも自分で家のなかに聖域をつくったらどうか。もしあなたがどこか特別なところにドライブしたいと思うのなら,車のなかだっていい。選ぶ場所がどこであるかはそれほど重要ではなく,むしろ,あなたがそこへもち込む感情が重要なのである。そうはいっても,その場所は,リラックスでき,快適で脅威のない場所であったほうがいいのだが。

　昔存在した聖域は,宗教的な礼拝と瞑想の場に限られていた。これはまさに,あなたが自分の聖域を使う目的と同じである。あなたが礼拝を必要と感じるかどうかわからないが,しかし落ち着いた静かな瞑想はぜいたく品ではなく,必需品なのである。外部のものごとにじゃまされることなく,重要なものであってもそれほど重要でなくとも,ものごとについて考え瞑想することができる時間が必要

だと感じたなら，いつでも聖域を訪れよう。そこでは，あなたは，腰かけ，考え，懸念するものごとに心の焦点をはっきりと合わせることができる。たんにものごとを心配するのではなく，そのことがらが十分な注意に値するかどうか考える必要がある。するとあなたはしばしば，目の前にある心配事は，すでに解決されたものだと気づく。

4 イメージ上の聖域

　私は，頭のなかだけの聖域ももっているが，これが実にいい。通常それは，南セネガルのカザマンスにある，ジャングルの小道を行った先にある小川のほとりである（たまたまこの場所が地球上で一番美しい場所だというだけだ）。しかし時どき（夏のさなかには），リヨンからちょっとはずれにある丘陵の斜面にすることもある。これはたんに，セネガルのその地域は暑すぎて，リヨンのはずれにある丘陵の斜面はいつもそよ風が吹いて涼しいからだ。

　イメージ上の聖域を細部まで詳しく描写することはできない。いつでも，その時どきの必要に応じて，頻繁にデザインし直しつくり直すからだ。それはいつも，私の（イメージの上での）大きなアメリカ製 RV 車を駐車する場所から，少し歩いたところにある。その車の色は白で，大きな木製のドアがついている。歩いて聖域に近づき，そしていつも，特別に注意を払って，美しい周囲の環境を堪能する。鳥の歌声に耳を傾け，下生えのなかの昆虫や小動物に目を配り，木々や花々の香りを吸い込む。聖域のなかにいる時間によって，私の五感のすべてを高めたいのだ。

　しばしば，そこには，中庭を取り囲むように5つの部屋がある。台所，シャワー室，書斎，トレーニング・ルーム，そして音楽室で

ある。シャワー室以外の部屋はどの部屋でも，変更しようと思うことがいつなりとあるかもしれない。私は冷たいシャワーを浴びてさっぱりとひげをそり，着心地のよいローブを着てサンダルを履くのが大好きなのだ。

　必要なすべての部屋で時を過ごしたあと，十分に心の準備をしてから，中庭に出る。そこで，低いテーブルについて座っているのは，私専属のグルである。私は彼にあいさつし，彼と一緒に席に着く。しばらくしてから，私たちは話し始める。

　彼は計り知れない知恵をもっており，私のすべての厄介ごとや災難に耳を傾け，そして私のあらゆる疑問に答えることができる。彼は私に，完全に正直であることを望み，そして意見をいったり判断したりすることなく，私がいわなくてはならないすべてのことに耳を傾ける。たまに，彼は私の言葉をさえぎり，わかりやすく表現するように注文をつけることがあるが，しかしふつうは座って聞くだけである。私がいいたいことをすべていい終えた後，私が尋ねたいあらゆる疑問に答えてくれる。

　彼は非常に注意深く話を聞き，そして私が話したすべてのことがらや，私が感じていてもうまく言葉に表わせないことがらまでよく理解してくれるので，常に最善の答えを授けてくれる。彼はこれまでに私を失望させたことはないし，これからもおそらくないだろう。

　何年もの間，彼は，私は妻や子どもを，私がそうあってほしいと思っているようにではなく，彼らのありのままに愛さなければならないということに気づくのを手助けしてきた。彼はまた，私がよく，理想を高くもちすぎるがゆえに，理想に手が届かないということ，そしてそのこと自体はけっして恥ではないことを教えてくれた。彼は私に，老人の知恵を思い出させてくれ，また，いくつかの新しい知恵を授けてくれた。私はこの人を好きになり，そして彼の判断を

尊重するようになった。

　私のグルとは，もちろん，私自身である。私の聖域は専ら，私の内にあるグルに相談するための場所として存在する。

　もしあなたが，自分の手でイメージ上の聖域をつくり出し，時間をかけてあなたの内にあるグルに相談すれば，人生におけるすべての疑問に対する答えは，あなた自身のなかにあることに気づく。

5　自分への語りかけ

　多くの人は否定するが，しかしだれでも，自分自身に対して常に語りかけている。人は常に，自分がしたことについての評価メッセージを自分自身に送っている。数週間前，私はある学校を訪ね，ある人に会うために職員室に座って待っていた。隣接している仕事部屋には，ある教員が座っており，聞き取れるくらいはっきりと，ひとりごとをつぶやいていた（彼は私がそこにいたことには気づいていなかったと思う）。

　「ああ，まったく馬鹿だな。違うよ，そうじゃない。それじゃダメだよ。ああ，××のために……」こんな感じでずっと続いていた。

　面会のために席を立つときに，多分採点をしているのだろうと思いながら，ちょっとのぞいてみた。実のところ，彼は授業の準備をしていて，彼が語りかけていた馬鹿は彼自身だったのである。彼が他のだれかに対してそんな風に語りかけるだろうとはけっして思えないが，彼は自分自身に対して，驚くほどひどいことをひっきりなしにいい続けていたのである。

　さて，もしあなたがだれかに対して，こんな風に，ネガティブで過剰に批判的な態度で，たいへんきつい言葉をもって30年かそれ以上もの間語りかけ続けたとすると，その人の自己イメージはどう

なるだろうか。

　数年にわたる私の研究で，このタイプの自己への語りかけはかなり一般的なケースであることがわかった。また，これはきわめて有害で，ストレスを引き起こし，絶望感をもたらすだけではなく，自己イメージや能力を低減させることも発見した。自己へのメッセージは，最もきつい言葉で表現されるため有害さも増幅されるのだ。

　あなたは自分に対してどんなメッセージを送っているだろうか。何日かにわたり，あなたが自分自身に対してどんな風に語りかけているか，耳を傾けてみよう。あなたは自分自身に対して尊敬の念を抱いていないことに，そしてあなたが送っているメッセージが，過剰に批判的だという事実に，きっと驚くはずである。あなたが自分自身に送るメッセージは非常に強力で，あなた自身のとらえ方にとても大きな影響を及ぼす。少なくとも，他の人に対して語りかけるときと同じくらいに親切かつポジティブに，自分自身にも語りかけるようにするべきである。

　時どき自分自身を責めるのは自然なことであるが，しかし，穏やかな言葉を選びやさしく語りかけるよう気をつけよう。運転しているときに前のタクシーに近づきすぎること（か何か）で，自分は何たる唐変木なのだとののしる代わりに，自分がもっと上手に運転できるということを思い出させるように穏やかに語りかけよう。

　自分への語りかけカードを１組自分でつくって，自分へのポジティブな語りかけを昼間定期的に行なうようにする。３×５（インチ）の索引カードかそれに類するものに，簡潔でポジティブなメッセージを書き込む。メッセージは簡潔でなくてはならない。なぜならば，あなたの意識以外の部分にメッセージを送るとすれば，このレベルの意識は簡潔なメッセージしか受け入れないからである。毎日，１枚か２枚のカードを持ち歩き，自分にこれらのメッセージを与え続

けよう。

　例として,「失敗から学び,次はもっとうまくやろう」と書かれたカードをつくるのもいい。自分を責める必要を感じたときはいつでも,このカードを取り出し,自分に読んで聞かせよう。自分自身をののしる代わりに,あなたはもっとうまくやれること,しかしそれはあなたが失敗から学んだ場合だけであることを自分で簡単に思い出すことができるのだ。もしあなたがたんに自分をののしるだけだと,あなたはきっと同じまちがいを犯し続け,そして同じ有害なメッセージを自分に送り続けることになる。

　常套句が書かれたカードを持ち歩くのを好む人もいる。聖書からインターネットまで,これらの金言が得られる場所は無数にある。私自身にとっては,アブラハム・リンカーンとベンジャミン・フランクリンが多くの言葉の出典であり,アルバート・アインシュタインがそれらに迫る第3の出典だと思う。彼らの言葉は簡潔で,常識を率直に述べたものであるため,私はとくに好きなのだ。私たちがみな知っているように,常識というのは,実際にはそれほど常識とはなっていないのだ！

6 音楽

　音楽が変われば,それによって引き起こされる感情も変わる。派手で騒々しい音楽は派手で騒々しい行動を掻き立てるし,穏やかでやさしい音楽は心を落ち着かせ平穏にする。母親が赤ん坊に対してどんな風に歌うか思い出してみよう。無数の曲があるが,曲のタイプは限られている。軽快で気持ちを高揚させるような曲か,やさしく気持ちを落ち着けるような曲かのいずれかである。気持ちを高揚させる"Hark and Herald Angels Sing"から,ほとんど寝てしまいそ

うになる"Away in a Manger"まで，クリスマスキャロルのタイプについて考えてみればわかる。いわんとすることは明らかである。もしあなたがリラックスしてストレスを取り除きたいなら，穏やかでやさしい曲を聴こう。

リラックス用に開発された多くのテープやCDが，容易に入手可能である。ニューエイジ・ミュージックはたいてい安らかで心地よい。クジラやイルカの鳴き声，ナイチンゲールのさえずりその他を収録したものも手に入る。これらはすべて効果的で，BGMとしてかけておけば，くじけずに人生を生きていけるような平穏で安らかな雰囲気を生み出してくれる。

私の2人の息子たちが空手教室から帰ってきたとき，彼らの心のエンジンはフル回転で，越えてはならない一線近くにまできていた。「お前たち，もう落ち着きなさい」という言葉をかけたところでまったく効果はない。就寝時刻の直前に，落ち着いた音楽を小音量でBGMとしてかけてやると，子どもたちは落ち着き，寝る準備が整う。これは，音楽をかけることで，彼らの脳波の周波数が，高いベータ帯域から低いアルファ帯域にゆっくり下がるからではないかと考えている。

意図的にリラックスするには，非常に安楽な状態で，五感を使って音楽に深くのめりこむ必要がある。音楽に完全に没頭し，夢中になるようにしよう。リズムに乗って身体をゆっくりと動かし（運動感覚），音楽（聴覚）のつくり出す雰囲気を心像（内的視覚）としてとらえてみよう。

忙しくて刺激の多かった1日の最後にリラックスするには，深い安らぎがあなたの存在全体に染みわたるまで，心を落ち着ける音楽を聴いて，充実感と平穏の雲の上を漂いながら，気持ちよく一杯やるのが一番だ。

私自身のお気に入りのリラックス法は，市場で見つけた，2.99ポンドのアフリカドラム音楽のCDを聴くことである。目を閉じ，複雑なリズムにそって，やさしく自分の膝をたたくか，もしくはごく静かにボンゴを鳴らすのである。パターンを完全になぞることもあるし，リズムの裏をとることもある。アフリカで過ごした日々を思い出し，市場の外観，音，におい，そして味を心に呼び起こす。数分のうちに意識が違うレベルに移行し，完全に没頭する。CDが終わると，私の精神は完全にリフレッシュされ，身体は動かなくなっている。

　とりわけ，モーツァルトの音楽を聴くことが，精神のポジティブな状態を強く刺激するといわれている。モーツァルト効果として知られるようになった現象である。これは，特定の音楽の様式，周波数の組み合わせ，リズムなどが，脳波の周波数に同調し，2つの大脳半球のバランスをとることで引き起こされると考えられている。完全な科学的証明はいまだ存在しないが，注目に値する。

　教室で音楽をかけると，問題のある子どもに対して，沈静力のあるポジティブな心理効果が得られるという逸話的な証拠が多い。バロック音楽はとくに，学習の促進にとって大事な役割を果たすといわれていることから，背景には何か根拠があるのかもしれない。

7　心的イメージ

　あなたの脳は，幸せな状況と幸せな心的イメージ，心が安らぐ状況と心が安らぐような心的イメージを区別できない。その結果，あなたが幸せなことを考えれば，あなたは幸せになれるし，心が安らぐようなことを考えれば，心が安らぐのである。長年にわたって行なわれてきた信頼できる科学的な実験により，これが事実であるこ

とが証明されている。あなたは文字通り，意識して，幸せで心安らぐ状態になれるのである。そして，心安らぐ状態とストレスを感じた状態には，同時になることはないことを再認識しておこう。

古代からずっと，物語の語り手は，彼らの技芸を使って，聞き手を，時間と空間を越えた空想上の状況にいざなってきた。ある状況を示すためにゆっくりと静かに，別の状況を示すために早口で大声で話すなど，いろいろなテクニックを用いてきた。これとまったく同じテクニックは，リラックスするための状況を自分の手で生き生きと描写するときに使うことができる。この方法はイメージ誘導とよばれており，そのためには正しい声のトーンとスピードが必要であり，安らかな音楽を背景にかけることが効果を高める。

2つの選択肢がある。心を落ち着かせるような音楽を聴きながら，快適で安らかな物語を自分の頭のなかで語るか，もしくは音楽を背景にして自分で物語を録音するかである。物語をつくるなら学校のオーディオ機器を借りて，CDプレイヤーで音楽を流し，マイクを使って音楽に重ねて音声を録音しよう。幸いあなたの学校に視聴覚教室があるのなら，なおさら好都合だ。それを使えばよい。

あなたがどちらの方法をとったとしても，あなたがリラックスできて，かつ快適だと思える台本を自分で用意しなければならない。台本をつくるのに労力を割けば，その分効果は上がる。ほとんどの人は，遠く離れた異国のとある場所でのリラックスした休日の台本をつくりたがる。そんな場所に行ったことがなくても心配は無用だ。あなたがそうであると想像したとおりになるのだから。現実的かどうかを心配する必要はまったくないのだ。ちなみに，飛行機代もいらない。

台本には，その場所をできる限り詳細に，できるだけ五感に訴えるように描写するのがよい。たんに，「砂浜に座っている」だけで

はいけない。ひたひたと波の打ち寄せる，澄んだ青い海，綺麗な，白い，南国情緒あふれる砂浜にしよう。どちらかを向けば，かもめの鳴き声，涼しげな海風にやさしくゆれるヤシの木の音，そして，夕日が沈み，空が見事なまでに深紅にそまるにつれ聞こえてくるこおろぎの鳴き声をイメージしよう。

　集中すればするほどよい。最も深い安楽と，想像でき得る限りの感覚的な快楽のなかにみずからをいざなえる。やがて，ストレスを感じなくなっているはずだ！

8　瞑　想

　これまでに紹介した精神的リラックス法はすべて，基本的には，望ましくない考えを，他のポジティブな考えで打ち消すことにより，心をなだめ落ち着けるように考えられたものである。かたや，瞑想は，精神を本質に集中させ，深遠な理解とそれによる調和を生み出す方法である。精神をあてどなくさまよわせ，冷静で超然とした目で思考をありのままに観察する。

　瞑想は非常に単純な行動であるが，しかし簡単ではない。何もしないことに慣れるには，時間と，ある程度の訓練が必要である。私たち西欧の人間は，常に忙しい状態に慣れすぎているため，瞑想が恐ろしい時間の無駄であると考えるほどである。もちろん，そうではないのだが，しかし試してみないことには，けっしてわかるものではない！

　一度，ある記者が，とある有名なグルに，平均的な西洋人はどの程度の時間瞑想するべきかと尋ねたことがある。そのグルは，20分でちょうど良いくらいだと答えた。そのあと彼はすぐに，実際に行なわれる5分間の瞑想のほうが，瞑想をしようと試みていっこう

に取っかかりのつかめない 20 分間よりも比べ物にならないほど価値がある，と付け加えた。

瞑想には 3 つの基本的なやり方がある。これらの方法のすべてにおいて，（落ち着きスイッチをつくるときのように）安楽に腰かけて深く静かに呼吸することが必要だ。

◆ 瞑想しながらの呼吸

腰かけて安静にし，呼吸するごとに数を数え，楽に呼吸しよう。精神を呼吸だけに集中しながら，1 から 10 まで数える。10 数えたら，もう一度 1 から数える。以前述べたように，呼吸するにつれて，他の音に気がつき始める。それらの音には集中しないようにする。望ましくない，集中の妨げになるような思考が精神に流れ込んできたら，観察するだけにとどめ，再び流れ出ていくまで放っておこう。

もし数がわからなくなったり，集中が妨げられたりしても，心配することはない。もう一度精神を集中し 1 から数え始める。だれと競争しているわけでも，だれかに釈明しなければいけないわけでもないのだ。責められることもなく，いつも正しくできなくてはいけないわけでもない。他に何も心配する必要はない。

◆ 呪文つきの瞑想

呪文を選ぶのは，しばしば多くの人々にとって厄介だ。「もし私の呪文が効かなかったらどうしよう」と自問するからだ。これはたいしたことではない。別の呪文を選べばよい。どんな呪文にすればよいのかについては，瞑想家の間でかなりの意見の相違がある。現実世界での意味を一切連想させない中性の言葉であるべきだという人がいる。呪文はたんに集中を維持するための方法に過ぎないということだ。一方，呪文は，深遠な意味をもっていて，あなたの精神

に流れ込んでくるあなたが観察するべき思考の基礎を提供するものであるべきだという人もいる。どちらがいいか自分で決めればよい。

　私自身に関していえば，意味をもった呪文を選ぶ。私はしばしば「平穏」という言葉を使い，平穏という言葉のイメージとそこからの連想が心のなかで漂うままにする。また，その時点で私が取り組んでいる問題に関連する別の呪文を使うこともある。この時も，私は自分の心をよぎる思考を観察する。芋づる式に次から次へとわいてくるままにする。

◆ 省　察

　ある対象やら主題について省察するというのは，自分自身でそれを吟味し，そしてみずからの心をどの方向へでも導くという意味である。ロウソクの炎とリンゴの2つを使って，ごく一般的にこれを示してみよう。一見したところ，これらのうちどちらも，あまり興味を引くようなものではない。実は，最初の印象よりもずっと深くこれらのものの意味を吟味するのが核心なのだ。ここでも，あなたは，その対象や主題が引き起こす思考に対しての受身の観察者に過ぎない。しかし観察するにつれ，あなたに知識や知恵が身についていく。

　ロウソクの炎はあなたに，ロウはどこから伝来したのか，という考えを抱かせるかもしれない。どうやってロウは芯のところまで移動するのだろうか。液状のロウが気化し，空気と混ざり，燃えて光を発する時，炎のなかでは実のところ何が起こっているのだろう。光はどこへいくのだろうか。

　たとえもしあなたがこれらの疑問，ないしは省察することによって生じる他の多くの疑問のどれにも答えられなかったとしても，自分がわからないことがわかったというだけで，あなたにとって有益

である。そして，みずからの無知に対する知識は，知恵へとつながる道を歩む上での欠くことのできない一歩なのである。

　もちろん，数段落前に登場した有名なグルが指摘したとおり，短時間の瞑想であっても意義がある。1，2分ほど手を止めて，手のなかのリンゴに目をやり，その不思議にふれるだけでもストレスを軽減する効果がある。まだ採点の終わっていない解答用紙の束にうろたえてあわててリンゴを食べてしまうのではなく，リンゴに，静かに語りかけさせてみよう。リンゴには種があるから新しいリンゴの木を生み出し，あなたの子どもや孫にリンゴを与えてくれる。しかしそのようなリンゴの木を生み出す種が，どれだけ深遠な自然の秘密をもっているかについて，リンゴは教えてくれる。手元にある解答用紙の束にもそのようにさせてみてはいかがであろうか。

9　日記をつける

　人々はたびたびイライラさせるような考えに襲われる。日記をつけるというのは，イライラを冷静に思考の対象とするためのすばらしい方法である。

　思考は，私たちの心のなかにすぐに飛び込んできてそしてすぐに出て行ってしまうため，ほとんどの人々にとって，落ち着いて取り組むことができないということが問題点である。ところがものごとを書きとめると，その問題やアイデアに，細部にいたるまで注意を集中させることができる。

　日記をつけるには2つの基本的な方法があるが，好きなように組み合わせるとよい。

　第1の方法は，日記を，たんにあなたの自分史を書きとめる場所だととらえるというものである。これは必ずしも，あなたの生活を

詳細に書きとめるという意味ではない。あなたが考えたことや感じたこと，将来の夢などを書いてもよいのだ。あなたが死んでしばらくしてから子どもたちによって発見されるかもしれない履歴だと考え，子どもたちのことを心に留めて書くのもいい。完全に非公開のものとして，だれかに知られる恐れのない，あなたの生活の最も神秘的な秘密を書き込む場所にするのもいい。

第2の方法は，みずからを意識の流れを生み出すままにしておくというものである。形式や文法，つづり，一貫性すらも考慮せずに，ひたすら書いて書き続けるのだ。しばらくすると，あなたの書いたものが筋の通ったものになっていること，そしてそれらは自分のなかから湧き出たものだということに気づく。それらは，ほとんどの場合，そもそもあなた自身がそれらを知っていることにすら気づいていなかったことが多い。

どちらの場合でも，たくさんの概念を並べて，色や囲みを使いながら，一部を強調したり，あるいはちょっとしたマンガなどを書き込んでみたりすることで，楽しみも効用も増す。

たとえほんの10分でも，あなたの考えや洞察を定期的に書きしるすことで，あなたの心は本当に重要なものに集中し，些細なことはそれがあるべき場所へ収まるようになる。

10　まとめ

・自分が望むときにいつでも，自分を落ち着かせることのできる落ち着きスイッチをつくろう。
・落ち着いた状態とストレスがかかった状態に同時になることはない。
・現実であってもイメージ上であっても，自分のためだけの聖域を

つくろう。
・自分に語りかけるときには感じよく語りかけよう。とくに，「自分自身を叱る」ときには優しく語りかけることが肝心。
・心を落ち着けるような音楽に，一生懸命耳を傾け，あなたの心を漂わせよう。
・ひと休みする必要があるときにはいつでも，イメージのなかで遊びにいこう。
・瞑想しよう。
・日記をつけると自分の人生を客観視するのに役立つ。

第5章 感情の復元力

- はじめに
- 先を見越して行動する
- アサーティブになる
- 怒りのコントロール
- 心配事のコントロール

1 はじめに

　前の2つの章で，復元力という言葉を定義しないままで使ってきた。それほど頻繁に目にする言葉でもなく，身近な概念でもないが，この言葉を正確に定義することは重要と思われる。なぜなら正確な定義がこの章の理解をより深めるからである。

　感情の復元力とは，逆境に直面したときに，力強く成長し，感情的に安定した状態で居続けられる能力のことである。

　ただ生き残るだけでは不十分であることに気づいてほしい。私たちは，成長したいのだ。なぜなら，教職ほど逆境を背負っている仕事はないと言っていいからだ。

感情の復元力とは，ストレスを感じても，それに負けない力を意味する。つまり，叩きのめされて再び起き上がるのではなく，パンチをかわす力である。ちょうどボクサーがそうであるように，もし，何回か打ちのめされたら，立ち上がるには，回を重ねるごとにさらなる力が必要となる。結局，あなたはノックアウトされるか，試合が中断されるか，タオルが投げ入れられるかだ。だが，これら3つの可能性は，どれもとうてい受け入れられない。敗北を受け入れるわけにはいかないのだ。

メタファーは，このくらいにしておこう。私は，教職は戦いだと考えるのはあまり好きではない。しかし，時には，戦闘と同じだと感じることは認めざるを得ない。

高いレベルの感情の復元力を保つための基本的要素が3つある。これは，(1) 感情に対してオープンなこと，(2) 高いレベルのセルフコントロールを有していること，そして (3) 客観的にものごとを考える能力である。後に続く部分では，これらを，明示的に扱ってはいないが，すべてを通じて暗に含んでいる。

2 先を見越して行動する

偉大なスティーヴン・コーヴィ（Stephen Covey）博士の言葉をやさしく言い換えると一番わかりやすい。

刺激と反応の間には，私たちがみずからの反応を選ぶ自由が存在する。そうして選ばれた反応が，私たちの成熟度や究極的な幸福を決定するのだ。

標準的な行動主義者の考えは，次のとおりだ。

第5章　感情の復元力

刺激 → 反応

コーヴィ博士によると，人間の場合，式はこうなる。
刺激 →［考える能力］→ 反応

　地球上のすべての生物のなかで，人間のみが，与えられた刺激に対して反応を選択する能力をもっている。そして，私たちが他人によってどのように見られるか，また，私たちがどれほどの幸福を享受し他者にどれほどの幸福をもたらすことができるかも，自分たちが選ぶ反応により決定される。

　先を見越した行動をとるとは，与えられた状況で実際どう反応するかを考える時間をとり，そして，反応する場合には最も適切で建設的な方法で行なうことである。反射的な行動をとることがこの反対にあたる。
　私たちが反射的な行動をとるとき，その反応が適切かそうでないかを考える時間をとらないまま，刺激に対して短絡的に反応する。つまり，自分自身のコントロールを他人に渡してしまうことになる。
　先を見越した行動をとることは，感情の復元力を保持するためには絶対に重要だ。もし，常に反射的な行動をとり続けるなら，あなたはまったく何もコントロールできず，けっして感情的な安定を保つことはできない。もし，あなたの行動が他人の手で決められるのを受け入れるなら，あなたは，自分の考えとは相容れない考えをもった他人のなすがままであり続けることになる。
　先を見越した行動をとるということは，一時停止ボタンをもっていて，それを使うということなのだ。

一時停止ボタンという考え方は，けっして新しくはない。私たちはよく，反応する前に「10 数えろ」と言われてきた。この助言は，理にかなっている。ただし完全ではない。あなたは，10 まで数えている間に考えることがある。適切に反応するため，つまり，この刺激をどう処理するかについて考える時間を自分に保証するために，一時停止ボタンを使わなくてはならない。私が知っている最も安全で最も簡単な方法は，自分にちょっとした質問をしてみることだ。

「この結果がどうなればいいと思うか。」

　あなたも相手も，勝つか負けるかのどちらかだ。勝者は気分がいいし，敗者は気分が悪いのは自明である。先を見越した行動をとるとは，考えられる最良の結果を探すことを意味する。つまり，皆が気分よくいられるという以外ありえない。みなが勝者になる必要があるのだ。どんな諍いの場合にも，4つの組み合わせしかない。あなたが最終的に得る結果は，両者ともに勝つというものでなくてはならない。
以下に例を示そう。

　9年生の女子生徒の問題で，私は非常に困った状況に直面していた。彼女が教室へ入ってくると，必ず大騒ぎになったのである。彼女がいったん教室に入ると，彼女の周りで常に騒動が絶えなかった。というのは，とてもカリスマ性のある子で，生まれつきのリーダーであり，彼女の騒々しい行動は，信じられないくらい感染力があった。彼女は，自分の騒々しさが問題の根源であるとは，まったく認識さえしていなかった。彼女は自分を取り巻いている世界の一部が常に騒がしかったので，全世界が騒がしいものだと思っていたのだ。

私たちは，しばらく（学校に居残って），彼女の気持ちと私の気持ちについて話し合った。彼女がどういうクラスを望むのか，私がどういうクラスを望むのかについてであった。私は，彼女の行動が，彼女自身の勉強だけでなく，他の多くの生徒の勉強も妨げているということを彼女に認識してもらいたかったので，かなり長い間，この問題を話し合った。私は，起こり得る結果は，以下の4つしかないことを優しく説明した。

◆ わたしが勝ち，君は負け

　これは，私は君を打ち負かすまで，罰を与え続けることを意味する。もし，私ひとりでできないなら，もっと上の人間に頼らなくてはならない。結局，私は勝利して，君は屈辱のなか敗れ去る。

◆ 君が勝ち，わたしは負け

　これは，まったく話にならない選択肢だ。もし，私が負ければ，クラスの残りの生徒も負けることになる。私は，クラスの生徒からまったく尊敬されなくなり，私のクラスで勉強するものはいなくなる。君は，勝って学校全体を牛耳ることができると思うだろうから，しまいには学校全体が負けることになる。

◆ 君は負け，わたしも負け

　これは，あり得ない選択肢だ。私たちはどちらも，勝つために戦い，互いを傷つける葛藤のなかに常に身をおくことになる。私からの罰も，君の不適応な行動と私への敵意も，どんどんエスカレートする。これが行き着くところは，君の停学か，もしくは退学だ。そして，そうなるまでには数ヶ月かかり，この間，クラスメイト27人は，勉強がかなり深刻に妨害されることになる。

◆ 君は勝ち，わたしも勝ち

　この場合は，私たちみなが願い求めていた静かでよく勉強するクラスになり，君は，私に言っていたような，望んでいる教育を受けられるのだ。

　さあ，私たち両方が勝つ（ウィン・ウィン）状態を得るために，私たちが順番にすべきことは何だろう。

　私たちは，彼女が，クラスの他の生徒が入ってくる前に，早めに教室に入り落ち着くようにすることで同意した。他の生徒が準備をしている間に，前の授業のノートを読み返して，頭を鎮めておくことを約束した。

　彼女は，以前より勉強できるようになり（これは本当に彼女が望んでおり，今まではできないと認識していたことである），そして私は，望んでいたように，コントロールされ静かな状態で授業を始められるようになった。すべての問題が即時に解決したとうそぶくつもりはない。2人の間で，変わった合言葉があったが，これはうまくいった。それはたんに，彼女に時どき，"ウィン・ウィンだよ。覚えているかな"とささやくだけだった。しかしこれで十分だった。

　私たちは，ともに勝ったのだ。これが，先を見越した行動だ。

　気をつけてほしいのは，ここで妥協はけっしてあり得ないということだ。妥協した場合，本当に望むものがけっして手に入らないために，どちらの側も少なからず損失をこうむる。ウィン・ウィン状態では，どちらの側も，互いにとって有益なものを得ることに同意するのだ。このことを扱ったどの教本でも，ウィン・ウィンに代わり得る選択肢は"取引せず"であると書いてある。しかしこの選択は，学校場面には存在しない。もし，ウィン・ウィン状態が可能で

ないならば，あなたの側にとっての勝ち－負け状態でなければならない。他の生徒のためにも，そうでなくてはならないのだ。

3 アサーティブになる

2，3年前のある日の午後，私はロンドンの地下鉄に乗っていた。私の横には，2人の20才くらいの女性がいた。1人が，相手に先週アサーティブネスコースを受講していたと言った。「へえ。」とその友人は言い，「それ聞いたわ。で，アサーティブになるって何なの？」「うん，基本的には，いじめられている本人にもいじめを気づかせないような魔法を使っていじめることよ。」と，1人目が答えた。

アサーティブネスを取り巻く，多くの俗説を晴らすために，それがどういうものとは違うのかを正確に明示し，そしてそこに何が残るのかを確認しよう。アサーティブであるということは，以下のようなことではない。

攻撃的：恐怖をあおり，脅迫し，敵意をむき出しにする
操作的：感情的な恐喝をし，罪悪感を利用する
侮辱的：個人攻撃をする，悪口雑言や強烈で威圧的な言葉を用いる
受動的：ことを荒立てず，静かな生活を送るために，すべてのことに同意する
受動的／攻撃的：直接的な接触を避け，影で中傷を広め妨害することで仕返しをする

これらすべての行動（たぶんそれをする人が簡単に思い当たると思うが）は，これを行なう側にとっても，また，不幸にもこれをこ

うむることになった他のだれかにとってもストレスとなる。これらの行動は，短期間でも自滅的になりやすく，長期間にわたれば必ず自滅的になることが一目瞭然である。まさに情緒的にも未熟なふるまいなのだ。

では，いったい何がアサーティブな行動なのだろうか。

アサーティブになるとは，他人の権利や利益を蹂躙することなく，あなた自身の権利や利益を維持するために，効果的なコミュニケーションを用いることをさす。

ここで，最も大切な2つの合言葉は，敬意と誠実である。これらを心に留めている限り，あなたはそれほどまちがわない。この2つは簡単な言葉だが，非常に多くの意味合いを含んでいる。試しに，それぞれの言葉に対して1つずつ，概念図をつくってみるのもいい。

敬意と誠実からくる利益とは，
・他人にまちがったやり方を刷り込むことなく，自分が本当に望むものをより多く得られる。
・意見が合わない人からさえも，いっそう尊敬される。
・気が滅入るようなフラストレーションをあまり経験しなくなる。
・対人関係の葛藤に悩むことが少なくなる。

このことは，あなた自身について好感をもたせ，自信を強める。真実をいえば，正当な自信とは，正当な理由のために，正当な方法で，正当なことをしているという揺るぎのない信念をもつことによってのみ得られるからである。これは，きわめて重要な考え方である。自信の反対は自信喪失で，自信喪失とは，ほとんど生ける屍だということをたしかだれかが言っていたはずである。

アサーティブになるとは，効果的なコミュニケーションを行なうことである。コミュニケーションとは，あなたが言う内容と，同時にあなたの言い方をも含んだコンセプトである。つまり，語っている言葉とボディランゲージが一体となってコミュニケーションのツールになっているのである。したがって，効果的にコミュニケーションを行なうためには，あなたは誠実で，知識や情熱をもつ人にならないといけないし，また相手からそう認められなければならない。

大きな問題があっても，それを解決できそうな問題としてしまうために，感情の復元力全体にかかわる問いかけ，「この結果がどうなればいいと思うか」に立ち戻り，そこから前に進むのがよい。

いったんあなたがこれに対する答えを決めたら，それは，あなたの行動をアサーティブにする。それによって感情の復元力が備わるため，必要であればあなたの行動にどんな変化を起こす必要があるのかを理解できる有利な立場にいることになる。

あなたはおそらく，先見性をもちたいと思い，よいチームプレイヤーになりたいと思い，そして，あなたがかかわる他人にも同じようにあってほしいと願うであろう。そうであれば，これらのことを達成するためには，何が必要だろうか。

◆ 効果的なボディランゲージ

周囲を見回して，効果的なコミュニケーターとそうでない人を見るだけでいい。ちょっと見ただけで，確実に見分けられる。よいコミュニケーターは，落ち着きがあり，身体的な優雅さがある。だらしなさやぎこちなさは，まさに，効果的なコミュニケーションを台無しにする。もし，アサーティブでありたいと思うなら，必ず，背筋を伸ばして，まっすぐに立ち，きちんと座り，自分をよく見せなければならない。はにかみ屋でいては何の利益もない。

人との物理的距離，立ち方や視線の正しい使い方にも，大いに気を配る必要がある。もちろん，これは，文化的な問題だ。パーソナルスペースに関する世界共通の基準のようなものはない。西洋では，もし，あなたが相手と非常に近い位置に立って，じっと目を見つめたら，相手を不快にする。もし，あなたが離れて立って，視線を避けたら，信用できないという印象を与えるだろう。

　ボディランゲージに関しては，どんな絶対的な基準もない。私ができるただ1つの助言は，あなたがコミュニケーションしている相手に対して非常に敏感になれということだ。彼らはあなたが必要とする情報をもたらしてくれる。そうすれば，あなたは，十分にリラックスして自信をもち，自分のメッセージを，それが相手にどう受け取られているかに気を配りながら，伝えればよいのだ。

効果的にコミュニケーションを行なうためには，あなたは誠実で，知識や情熱をもつ人にならないといけないし，また相手からそう認められなければならない。

◆ 効果的な話し言葉

　効果的なコミュニケーターであるとあなたが感じる人々のことをもう一度考えてみよう。彼らが「えっと，うーん，つまり私が言いたいのは，…みたいな」などと言ったりしないことに確実に気づくだろう。彼らは，自分が言いたいことが何であるか知っていて，概して，直接的に，自分の言葉で言う。国語の先生はだれでも，話し言葉は，書き言葉とはまったく異なることを知っている。言い直しや不完全な表現が多い。しかしながら，意味の連続はいつも完全で

ある。

　ここでの最も適切な助言は,「口を開く前に頭を回せ」である。

　効果的なコミュニケーターは, とても熟練した方法で言葉を使っている。

　彼らは命令口調（「きみは,…すべきだ,…した方がいい,…しなければならない」）を避け, 回りくどい言い方をするのも避ける（「もし, あなたが…して下さることが可能でしたら, 非常にありがたいのですが」）。これらの言い方では, あなたが望むような結果は得られない。

　その代わり, 彼らは, 次のような2つの言い方のうちのどちらか使う傾向がある。

状況説明／質問
　金曜日の午後までに, レポートを仕上げてほしいと思います。できますか？

　今夜中に, 文具の注文をいただく必要があります。これで何か問題がありますか？

　課題研究計画は, 来週のこの時間に提出してもらう必要があります。何か疑問点はありますか？

などである。

助動詞 <could>（〜をしていただけますか）の使用
　3時半に, スミスさんに電話していただけますか。
　もう少し早めに会議に来ていただけますか。

もちろん，声の調子もコミュニケーションに大いに関係する。上に示した文章のどれも，いろいろな抑揚のつけ方がある。とても柔らかく純粋な笑顔は，いつも声の調子をうまく出させる。反対に，冷たい鉄のように凝視すれば，攻撃的に聞こえ，確実にあなたが望まない結果をもたらす。

　これらの言い方は，協力的で道理をわきまえた人に対応するときは，よく効く。しかし，このような人が人口の大部分を占めているにもかかわらず，悲しいことに，気難しいと評するのが一番ぴったりくるような人々に対応しなければならないときがある。たんに彼らは（どんな理由にせよ），そのような人であるために，いつも気難しいのだ。私たちは，激しいストレスにさらされているときはだれでも（そう，あなたも！），気難しくなるものだということも認識しておくべきである。

　気難しい行動には，多くの異なるタイプがあり，各々に微妙に異なった対応が必要だ。しかし，あなたは，どんな場合でも，根本的なテーマがあることに注目しよう。そのテーマとは，いつでも品位と敬意を維持することである。たとえどんな刺激があっても，あなたの反応を決定するために余地が少しだけあることを思い出してほしい。

　ごくわずかではあるが，故意に気難しくしている人がいることも覚えておいてほしい。もし，ある人があなたと対立した状態をつくり出しているのなら，おそらくその人は，心の奥深くに感じている問題を解決するためのそれ以外の方略を何ひとつもっていないと考えればよい。もし，あなたが，未熟な行動の誘惑に乗ってしまえば，起こりうる結果は2つあるだけだ。彼らを犠牲にしてあなたが勝つか，彼らが勝つかだ。

第5章 感情の復元力

　私たちは，尊厳や敬意をかなぐり捨てたのではないかと恐れんばかりの，3つのタイプの行動があることに気がつく。
　これら3つのタイプは，尊厳や敬意の維持が非常に重要な教師にとって，実に現実的な脅威となる。したがって，それらの要点分析は，とても必要だ。
　これらのタイプには，やや軍事的な命名をした。私がこのメタファーを気に入っているわけではないが，こうすることによって，これらのタイプには警戒する必要があるということがはっきりわかると思うし，また，そのようにイメージしておく方が賢いやり方といえる。

◆ シャーマン戦車タイプ
　このタイプは，火を吹く大砲を持って現われ，何の良心の呵責もなしにあなたを踏みつけて行く。彼らにあるのは，遂行のための指令，勝つための戦闘だ。彼らの道をふさぐものは何もない。
　戦車に対応する最良の方法は，精力を使い果たさせることだ。彼らには，しばらくわめかせておいてから，まずは中立的な反応をするだけにしておこう。あなたは，たしかに，彼らの気持ちをくんで彼らの権利を擁護することもできるが，彼らに深く同意すると，さらに深く巻き込まれそうだ。彼らに落ち着けと言うことは，まさに反対の効果を得ることになりそうだ。
　彼らが自分で落ち着いたら，何が問題なのかを正確に中立的な言葉で，説明させてみることだ。もちろん，あなたは，どんな罵詈雑言も認めず，それには耐えられないということをはっきりさせることだ。どのように問題を解決したいのかを見つけるために，自由に答えられる質問をしてみよう。
　「要するに，私に何をしてほしいのですか」と尋ねることで，ほ

ぼ状況が落ち着く。怒りは，脳の下部でコントロールされていることを思い出してほしい。熟考する反応を求めるということはすなわち，高次な思考を行なうことを求めているのである。これは大脳思考であって，脳幹や辺縁系がフル稼働しているときは，熟考は起こりようがない。

　もし，実現可能であるなら，問題解決を実行するための方法に賛同する。彼らの問題解決方法が実現不可能なら，何ができるかをはっきり，穏やかに告げる。

　もし，あなたの提案が反対されたら，「壊れたレコード」作戦が有効だ。あなたはたんに，同じ（完璧に筋のとおった）メッセージを受け入れられるまで，何度も何度もくり返すのだ。

　スミスさん。お子さんがシンディの隣に座りたいのはわかります。でも，どちらにもいいことはないですよ。

　そうですね。お子さんの気持ちは大切だと思います。でも，私は，今は，お子さんの教育がもっと大切だと思います。私は，お子さんたち自身のために，教室では離れて座るべきだと申し上げているのです。

　もちろん，スミスさんがおっしゃることは正しいです。でも，あの子たちがお互いに隣に座ることで，勉強のじゃまになっていることはおわかりですよね。ここがもっと大切なことです。離れて座るべきだというのは譲れませんね。

　など。

もし，これが拒絶されたら，助っ人が必要である。

問題を解決するために，どんな対処をする必要があるかについてはっきりと同意を取り付けること，そして，どうやってその問題が解決したことがお互いにわかるのかという点についてあらかじめはっきりさせておくことが必要だ。

このタイプの人との交渉で，あなたの役割を実行することの同意と，最終結果に満足したかどうか，または最終的な結果について，あなたが折り返し報告するのか，相手があなたに折り返し報告するのかについて，十分話し合っておこう。

◆ 狙撃兵タイプ

このタイプは，あなたを直接攻撃することはないが，うわべだけのやさしさのうしろに隠れて，自分は安全な距離から，手当たり次第の射撃をする。意地の悪い物言いと「ただの冗談だよ」と言うせりふは，狙撃兵のまちがいない証だ。

狙撃兵タイプは，直接，対決する必要がある。何が容認できる行動で，何が容認できない行動なのか，あなたがはっきりと表明する必要がある。攻撃を始めるのに安全な距離のようなものはないこと，同様に，うしろに隠れられるような安全な鎧兜はないことを狙撃兵タイプにはっきりわからせなければならない。

きまり文句の「ただの冗談だよ」が出たときには，だれもがおもしろいと思うときにだけ，その冗談はおもしろいということを指摘しよう。もし，一方（あなた）が不快と感じたら，それはたんなる意地悪であり，けっして容認できないということを指摘するべきだ。

あなたは，アサーティブになろうとしているのであって，狙撃兵タイプの挑発に乗ろうとしているのではないことを忘れないでほしい。どんな形であれ報復をしてはいけない。毅然とした言葉と態度

で，その状況と自分自身を完全にコントロールしていることを相手にしっかり示さねばならない。沈着に，当然の道義から導かれる理を述べ，そして，権利を踏みにじることは許容しないことを告げなければならない。

◆ 地雷タイプ

このタイプの人の行動は予測がむずかしい。もし，あなたが引き金を引いたら，いつ何時でも爆発するかもしれない。しかも，あなたには，その引き金が何なのか，どこにあるのかがいつもわかるとは限らない。

あなたが，ただ彼らの反応の激しさ（突然の激怒から滂沱の涙まであらゆるものが考えられる）に不意をつかれ巻き込まれるだけなら，地雷に対処するのはむずかしい。即座に生じる（動物的な）反応は，3つのF，戦闘（fight），逃避（flight），凍結（freeze）のうちの1つである。ここで，唯一の安全な選択は，凍結である。そうなったらすぐにタイムをとろう。

地雷タイプには，落ち着くチャンスを与えることが必要であり，また，あなたの反応が不適切になるのを避けることも必要だ。

地雷タイプは，自分で感情の爆発を申し訳なく思っていることに気づいてあげよう。この場合には援助的になることが重要で，あなたは，ストレスがどのように突然表面化するのか認識していること，その困難さを理解していることを相手に説明しよう。

面倒な行動のタイプには，ひねくれ弁護士タイプからうじうじタイプまで，いくつかある。これらはすべて，少しずつ異なった方法で対応できる。あなたがアサーティブな態度を維持し，2つのモットー，敬意と品位を備えている限り，あなた自身のアサーティブネ

スを構築するためのよい基盤をもっていることになる。

　残念なことに，あなたは時どき，だれかが陰口を言われている場面に居合わせることがあるだろう。品位を持続させ，強いメッセージを送るために，あなたは，陰口をすぐにやめること，そして，そんなことに自分はかかわりたくないことを（アサーティブに）主張するべきである。私たちはみな，意見をもっており，それを否定するのは愚かである。しかし，他人の不利益になることを公の場で口にするのは，けっして許される行動ではない。

4 怒りのコントロール

　怒りは，鬱積したプレッシャーを解放する方法である。しかし，腸に溜まったガスと同じく，どちらも世間の注目を浴びてはならない。漏れ出た風のせいで，一瞬でもたいそう恥ずかしい目をすることになる。吐き出された怒りで，自分に対する敬意と立場を失う危険がある。

　怒りと怒りが出合えば，釣り合いをまったく失ってエスカレートし，不愉快な騒動が起こるだけである。2人の怒り狂った人が，恥をさらし，解決の手だてを完全に失い，みんなの信用をすっかり失ってしまうということを，あなたは経験から重々知っているはずだ。

　怒りと臆病が出合えば，怒った人に完全にまちがった勝利の感覚がもたらされ，臆病な人に屈辱と怨恨の感覚をもたらす。それはだれが見ても，攻撃する側に汚名を，攻撃される側に同情を感じさせるだけである。

　怒りとアサーティブネスが出合ったとき，怒った人はバカに見え，アサーティブな人はバカをたくみに操っていることで高い尊敬を得る。

怒りを公の場でぶちまけることは,いつもその人を悪く見せ,怒った人の感情の未熟さが露呈されることになる。成長した大人や感情の復元力がある人は,このようにはけっしてふるまわない。他の子をいじめる子を許してはいけないし,また,結果的にうまくいったとしても,いじめるだけが目的の怒りは許されない。

　怒りが社会的に許容されないということはさておき,何百もの研究によって,怒りは健康へ深刻な害を及ぼすことが示されている。いつも定期的に怒り,また長期間にわたって怒りを持ち続けている人は,のんびりした人や呑気な人よりもはるかに早死にする傾向にある。

　怒りは,2,3の単純な(覚えておいてほしい,これは,簡単だという意味ではない)方略で,操ったり,激減させたりすることができる。もし,自分はとくに怒りが強い人間だと思わないとしても,これらを試してみるといい。この問題について少なくとも考えてみることが,だれにとってもためになる。穏やかでなく落ち着きもないだれかの,期待どおりの役に立てるかもしれない。

◆ 怒りの記録をつけよう

　あなたを怒らせた内容と,その怒りが生じた時間を,簡単にメモしよう。それが生じたのは状況のせいではなく,すべてその時の自分の気持ちに関係していることに気づく。これは,メモしてわかるように,あなた自身だけが,気持ちと反応の唯一の仲裁者だということを学ぶ,価値ある教訓だ。

　この教訓を学ぶのはそれほど簡単ではない。ある特定の人,状況,物のせいで自分を怒らせたのだ,とつい言いたくなる。「自分の偏見と(ここに,あなたを怒らせる何かがはいる)からの意見が,自分の全体的な怒りっぽさと結びついて,私を怒らせたのだ」などと

認めることは，たまたまそれが事実だとしても，容易なことではない。もし，自分の怒りが自分のせいでないとしても，怒りがこみ上げてくることがある。運転中にはみなイライラを経験する。なぜなら，長い交通渋滞や無謀運転を快く思う人はだれもいないからだ。

◆ 言葉を和らげよう

あなたが何かに，もしくは，だれかに，どのくらい激怒しているかを話す代わりに，少し不機嫌なのだと言ってみよう。同様に，州知事はバカで，無知で，滑稽な偽善者だというあなたの意見をぶちまけるかわりに，彼（女）は，もう少しだけ深く問題を掘り下げる必要があるのではないかと考えてみよう。これは簡単にできることである。

このように考えたからといって，問題となる州知事やその他の人に関して何の影響ももたらさない。しかし，あなたの心のなかでは，雲泥の差がある。

自分自身や他人に話すとき，あなたが使う言葉は，あなたの考え方を端的に示している。

忘れないでほしいのは，あなたの考え方は，完全にあなたのコントロール下にあるということだ。しばしば，思考はそれ自体が心をもち，それ自身の意志によって自由に私たちのなかに流れているように思える。しかし，これは真実からは程遠い。練習してみよう。あなたが怒ったとき，習慣的に使う言葉のリストをつくってほしい。それに加えて，それに置き代えられる穏やかな言葉のリストもつくってみよう。

5 心配事のコントロール

　心配は，明らかに精神を蝕み，感情の復元力にとって，有害な敵であることは疑う余地がない。私たちが検討してきたすべてのことがらは，一時的な現象であるのに対して，心配は，容赦なく魂を食い荒らし，あらゆる害を増幅させる，持続的な機能不全である。もし，あなたが感情の復元力を持ちたいのであれば，すべての心配を断固生活から取り除かねばならない。心配は，考えられているよりはるかに有害である。

　前にふれたように，脳は，現実のできごとと想像のできごとの違いがわからない。あなたが心配する恐ろしいできごとは，それが実際に起こっているのと同じようにストレスフルなのだ。

　人間は多くの楽しみや喜びを得すぎたからといって心配することはほとんどない。心配することは常に，現実的な不快ストレスの世界に身を置いていることを意味する。心配している状態とは，身体と脳が常にこの状態と結びついた化学物質であふれていることになる。前に述べたように，人間は，こうした状況下で生きていくように設計されてはいない。したがって，あなたの身体組織全体が測り知れないダメージを受けるのだ。

　どうか，どれだけ心配すればいいのかについて心配しないでほしい。心配のあまり自分を悲嘆の底に沈めることで，あなたの心を犠牲にするのはよくない。必要なのは，心配の悪循環を断ち切り，その悪循環を人生から完全に消し去ることだ。

　誤解してはいけない。心配の程度を減らせと言っているのではない。心配そのものをするなと言っているのだ。くり返すが，あなたの人生からすべての心配を完全に消し去る決意をしよう。

第5章　感情の復元力

　あなたは，どんなことを心配しているのだろうか。間近に迫った当局の学校視察だろうか。ある生徒の行動だろうか。もしかすると，目前の目標を達成していないことを心配しているのかもしれない。許された経費内で，新しいシラバスに必要な新しいテキストが購入できないことを心配しているのだろうか。このようにあげていけば，私は教師が抱いている心配を数ページに渡って書き上げることになる。しかし，私がするように，まさにこのとおりのことをあなたがすることをすすめたい。

　ノートを開いて，あなたが心配していることをすべて書き出してほしい。起きている間，ずっと考えているように思えるほど重要な心配事，時折心にひょいと浮かんだ，とるに足らない心配事。個人的なこと，職業上のこと，家族のこと，経済的なことなどさまざまである。あなたの心配事をすべて，もらさずに書き出してほしい。
　一度，冷たく澄んだ光のなかで，はっきりと書かれた心配事を目の前にしてみると，何か愕然とするものがあるだろう。あなたの心配事の大部分は，絶対に，あなたにはコントロールできないものである。あなたは，たとえ，たった今からあなたが死ぬ日まで絶えず心配し続けたとしても，これっぽっちも変わらないようなことについて心配していたことがわかる。これ以外のあなたの心配事は，自分でコントロール可能である。それらは，おそらく，取るに足らないことだ。
　答えはとても明快ではないか。

　あなたが対処できるものには，対処しよう。どうしても，状況を変えることができないことは，忘れよう。匿名アルコール中毒患者の会によって有名になった，平安の祈りがうまく言い表わしている。

変えることのできるものについては,
それを変えるだけの勇気をわれらに与えたまえ。
変えることのできないものについては,
それを受けいれるだけの冷静さを与えたまえ。
そして,
変えることのできるものと,変えることのできないものとを
峻別する知恵を与えたまえ。

　これで万全だ。しかし,どうやったらいいのだろう。この疑う余地のない知恵に効力を与えるために,あなたができる実用的な手段はあるだろうか。ご推察通り,答えがはっきり「Yes」でなければ,私は尋ねない。
　わかりやすいとてもシンプルな考え方がある。あなたの生活に影響を及ぼす2つの力がある。それは,あなたの懸念とあなたの自信である。懸念は,あなたを押さえつけ,行く手を阻む。あなたの自信は,あなたを引き上げ,背中を押してくれる。もし,懸念が自信よりも大きいなら,常に苦痛やストレスを受ける。もし,自信が懸念より大きいなら,本当に望む幸福や満足に向って,前進し,向上することができる。

懸念＞自信 ＝ (-_-)
自信＞懸念 ＝ (ˆoˆ)

　あなたは,おそらくただちに,懸念は,反射的に起こる感情に支配されること,自信は,先を見越した行動をとることに支配されていることに気づくだろう。また,もし懸念が自信よりも大きいなら,心配が始まり,反面,自信が懸念より大きければ,懸念を処理する

力を得ることになる。

　簡単な2つのステップを踏むことで，ものの数分で，人生から心配を完全に排除することができる。

1．あなたがどうやってもコントロールできない懸念をたくさん見つけ出し，それらについては，無意味で破滅的であるため，心配するのをやめることにしよう。

2．あなたが適度にコントロールできている少数の心配事は何かを見極めよう。あなたの生活に対する有害なプレッシャーがなくなるまで，それらについて一つひとつ取り組んでいこう。

　これができるということは，あなたは自分をコントロールできていることを意味する。このことこそが，ストレスを軽減する上で重要な方法なのだ。

> あなたが対処できるものには，対処しよう。どうしても，状況を変えることができないことは，忘れよう。

6　まとめ

・先を見越した行動をとるとは，他人にあなたをコントロールさせるのではなく，何らかの刺激に対する反応を自分自身で決定するということである。

・アサーティブネスとは，他人の権利を踏みつけずに，自分の権利のために立ち上がることである。

・あなたの怒りは，できごとそのものによってではなく，できごとに対するあなたの気持ちから生まれるということを理解しよう。

・心配とは，完全に無意味で極端に破滅的である。何も心配しないでおこう。コントロールしきれなければ，それを受け入れよう。もし，コントロールできるなら，それを変えてみよう。この2つの違いを理解しよう。

終章
全体のまとめ

1 生活をデザインする

　ここまでの5章で述べてきたすべてのことがらはいいものであるのはまちがいないが，もしもあなたがそのうちのどれも実行しないならば，十分な情報を得たに過ぎず，いまだストレスを抱えたままであろう。感じ方を変化させるということは，何かをするときのやり方を変えることを意味している。なぜならば，まさにあなたのもののやり方が，あなたのものの感じ方を決めるからである。
定期的に，心の休まる場所で完全な1日を計画しよう。これは意識して行なわないといけない。絶対に偶然起こったりしないものなのだから。
　その日は確実によいスタートが切れるようにしよう。栄養満点の朝食をとって，適当な時間に家を出よう。遅れてくたくたになった状態で学校に到着しないようにする。
　必ず適度な昼休みをとるようにしよう。少なくとも20分落ち着いて腰かけ，軽い昼食をとり，おしゃべりしたり，何か簡単なものを読んだりすることで，午後，もっとずっと効果的かつ効率的に仕事することができる。
　もしも残業するならば，事務処理やその他の仕事を始める前に，

短い休憩をとろう。ここでも，2，3分で自分のバッテリーを再充電すれば，ずっと速く仕事を片付けることができる。忙しいということと生産的だということとは全然違うということは自明の理である。

帰宅することが，必ず楽しいできごととなるようにしよう。もしもあなたが最初に帰宅したのなら，帰ってくる家族を必ず温かく幸せな気持ちで出迎えられるように心がける。もしもあなたが最後に帰宅したのなら，温かく家族にあいさつし，すぐに家族の輪のなかに入ろう。結局のところ，たいていは働くというのはまずは家族のためなのだから（仕事を支えるために家族をもつ人はほとんどいない）。

少なくとも毎晩30分，身体的に疲れるくらいの運動の時間を必ずつくろう。

さらに，少なくとも同じぐらいの時間を，家族のみんなと有意義なコミュニケーションをとるために時間を割こう。ただし，家族で同時に，同じ部屋の，同じテレビに映っているばかげた番組をボーッと見ているだけでは，意義深い時間とはみなされない。

また，自分なりの就寝の儀式をもとう。あなたの脳が，日常の状態から眠りにつける状態まで落ち着くには，おおよそ20分かかる。頭が枕にふれるや否や眠りにつくという人は，ベッドに入る時すでに十分リラックスしていることになる。もしもリラックスしないでベッドに入れば，睡眠に問題を抱えることになる。

2　職場（学校）生活をデザインする

マット・ジャーヴィス（Mat Jarvis）は教師のストレスに関する第一人者のひとりである。彼は効力感とストレスは反比例することを強調している。高い効力感をもつ教師は効力感の低い教師よりも

ストレスを抱えにくい。

　効力感とはよい言葉である。辞書の定義では，実行力とほとんど同じ意味である。

　しかし，ストレスマネジメントと時間マネジメントの分野では，効力感とは実行力と効率性を同時に合わせもつことである。実行力のある教師とは，仕事を片付ける者である。

　効率のよい教師とは，妥当な時間で仕事を片付ける者である。実行力と効率性の両方を考慮する必要がある。あなたがより実行力のある教師になればなるほど，あなたは仕事からの見返りをよりたくさん得ることができ，同時に，あなたに課せられた理不尽な要求に憤慨することが少なくなるだろう。あなたが効率のよい教師になればなるほど，不毛な忙しいだけの仕事に費やす時間が減り，本当に重要な目的——人生を通じて効果的に学ぶための終わりのない道を歩む青少年への援助——を達成するために，より多くの時間を費やすことができるようになる。

　効力感をもち続けるためには，一定の心がけが必要である：
①あなたが何をするつもりなのか考える。
②それを実行すること。
③次にはもっとうまく手早くできるように，あなたがやったことをふり返る。

　もしもストレスマネジメントと時間マネジメントの両方を一文にまとめるようにいわれれば，こういうであろう「あなたの思考と行動を分けよ」。

　もしもあなたがこの本から１つのことだけ学ぶなら，この一文である。

3　運動・活動の方法をデザインする

　遅筋線維と速筋線維についての話を覚えているだろうか。最適な健康のために，十分な量の筋肉をつけ，それを維持し，さらに筋肉の持久力を増すような運動が必要である。これらの両方を実現するやり方はけっして偶然に見つからない。

　たった1つでこれら両方ともを適切な割合で達成できる活動は，格闘技と高いレベルのヨガやピラティスである。

　筋肉量を増やし保持するには1週間に3回のトレーニングが必要でありそれ以上ではいけない。筋線維の自然修復には，休日が必要なのである。一方，持久力を増すための活動は，少なくとも1週間に4回実行すべきである。

　おや！　一晩に1つの活動をしないといけないことになる。つまり，あとはどの日に何をいつやるかを決めることだ。これで，ずっと年をとるまで，すばらしい健康があなたの手のなかに！

4　身体・脳に栄養を与える

　家族のだれかのために基本的な献立をつくることはとてもよい考えである。「火曜日にはシチューだ」というようなものである必要はない。あなたにとって，毎日，長期間にわたって必要な栄養が満たされておりさえすればよいのだ。とくに，ほとんどの栄養士は，1週間に少なくとも2切れの脂ののった魚をとることをすすめている。これは神経細胞を育て保護するための適量のオメガ3脂肪酸を十分に摂取できるからだ。

　食物ピラミッドに倣ってバランスがとれているように気をもむ必要は必ずしもないが，しかし，1日ごとに，すべての食品群から適

切な量を摂取できるように心がけるべきである。

　いくつかの重要な問題（たとえば，常に軽食をとるのがいいのか，1度にたくさん食べて間を空けるのがいいのか）についてはいまだ結論が出ていない。結論が出るまで待つわけにはいかない。しかし，献立にはバランスが必要であることはまちがいない。そして，あなたの身体が，体調に十分に敏感である限り，体調が答えをほとんど教えてくれている。

5　心に栄養を与える

　よい本を読むようにしよう。どんなものをよいと考えるかは問題ではない。知ったかぶりをする必要はない。読書はストレスを解放してくれるので，ひとときを過ごすためにはすばらしい方法である。

　学位をめざすことなどとんでもないと思うかな。でも，もしも1年間，学校のある日の夕方に，30分間集中して本を読むことに費やすなら，1年で100時間の読書ができることに気がついているだろうか。2年間そうしてみよう，するとあなたがコースに入学する前なのに，要求される読書をすべて終えてしまうことになる。そして，そうすることで見逃すことになるテレビ番組については忘れてしまおう。そんなことはどうでもいいではないか。

6　どこにいようとその場に居場所を見つける

　私にはこれ以上ばかげたことを思いつくことはできないし，そして自分自身そうであるから，批判的になりすぎることもけっしてない。しかし，それでもとにかく次のアドバイスを送ろう。

　家庭での問題を学校にもち込まないようにしよう。あなたが学校

にいるときには，学校に専心しよう。あらゆる点においてこの言葉に従いなさい。

学校の問題を家庭にもち込まないようにしよう。あなたが家にいるときには家にいることに専心しよう。あらゆる点においてこの言葉に従いなさい。

これはある洒落者がいったことだが：存在の認められる人間（a human being）になりなさい，たんに動かされるだけの人間（a human doing）ではなくて。

7 成功のための計画をたてる

キャリア・アップしたいのであれば，それを算段しよう。資格や試験に関して何を取得する必要があるのかを見極め，自分なりの工程図を書いてみよう。教頭は，たいそう喜んであなたの力になってくれる。彼らはみなこの過程を自分で終えているので（もしも終えていなかったとすれば，教頭職であるはずがない），あなたが知る必要のあるすべてを指摘してくれる。彼らは，これまでに偶然に上級のポジションについたものはひとりもいないということをはっきり示してくれる。

8 成功のための服装をする

もしも，よい服をきちんと着ていれば，常によりよく自分を見せられるし，いい気分でいられる。同僚や子どもにも，同じように好感をもって対応されることはまちがいない。だらしのない格好をした校長を見たことがあるだろうか（いないことにしよう！）。

9 成功のためのストレスをもつ

　ストレス曲線を思い出してほしい！　あなたの生活には必ず，一定量の快ストレスが必要である。それなしには，人生は退屈で面白くないものになる。だれか，近づきたくても近づきがたい人（男性でも女性でも）を決め，近づく努力をしてみよう。あなたの人生にはいつも少しばかりの「恋心」が必要なのだ。

■ 推奨図書

Butler, Gillian and Hope, Tony (1995) *Manage Your Mind*, Oxford Paperbacks.
Buzan, Tony (2001) *Head Strong*, HarperCollins.
Carnegie, Dale (1990) *How to Stop Worrying and Start Living*, Vermilion.
Carnegie, Dale (1994) *How to Win Friends and Influence People*, Hutchinson.
Covey, Stephen R. (1999) *7 Habits of Highly Effective People*, Simon & Schuster.
Davidson, Jeff (1997) *The Complete Idiot's Guide to Assertiveness*, Alpha Books.
Elkin, Allen (1999) *Stress Management for Dummies*, John Wiley.
Helmstetter, Shad (1991) *What to Say When You Talk to Yourself*, DK Publishing, HarperCollins.
Henderson, Roger (1999) *Stress Beaters*, Metro Publishing.
Mulligan, Eileen (2001) *Life Coaching for Work*, Piatkus Books.
Robbins, Anthony (2001) *Awaken the Giant Within*, Pocket Books.
Wetmore, Donald (2001) *K. I. S. S. Guide to Organizing Your Life*, Dorling Kindersley.

なお,Tony Buzan,Stephen Covey,Anthony Robbins,Dale Carnegie の著作物ならば何でもおすすめしたい。

訳者あとがき

　本書は，イギリス Continuum 社から2003年に出版された "Stress Busting" の翻訳である。原著書は，同社が刊行している "Classmates" と名付けられたシリーズ中の一書である。シリーズ名からおわかりのように，これらは学校の教師を対象として，学級経営の仕方，保護者とのかかわり方，教科指導案の作成法，学校安全のためのマニュアルから，詩の指導法や修学旅行のプランの解説にいたるまで，学校現場での実践に役立つノー・ハウを提供することを意図している。加えて，日々多忙な教師のために，あまり肩がこらずに読めるようコンパクトな解説に心がけている。シリーズを構成する本書では，心の健康に的を絞り，ストレス解消の秘訣が説かれている。著者は Michael Papworth であり，彼は20年間学校教師として勤めたのち，現在は，教師のための相談と研修を目的とした支援業務に携わっている。

　本書を翻訳するにあたり心配したことは，学校教育の現場をめぐるイギリスと日本の国情の差であった。しかし読み進むにつれてその心配も消えていった。これはたんに，両国では特に学校教師が「聖職」と見なされてきた歴史が共通しているからではなく，教育制度や社会情勢の差を超えて，学校教師の抱える悩みやストレスがきわめて普遍的であることを得心させられたからである。

　「原著者の序」に続き，訳者として「はじめに——日本の教師とストレス」と題した小文を用意した。これは，増えることがあっても減ることのない日本の教師が抱えるストレスの現状を，若干の統計資料を基に解説し，合わせてこのような状況に置かれている先生

方に少しでも役立ててもらおうと，本書の効用を説いたものである。「余計なお世話」的な小文であるが，本書のプロローグとしてお読みいただければ幸いである。

　本書の翻訳のきっかけは，石田が間接的に指導した大学院修了生2人（林，実光の両氏）が，職に就きながらも引き続き勉強したいという要望に応えるために自主ゼミを始めたことにあった。輪読の題材が本書である。修了生のうちの1人は当時，現職の高等学校養護教諭であった。現場教師のストレスフルな生活を生で演じ，ストレス解消策を常に模索しているように思えた。もう1人は大学の学生相談室カウンセラーであり，日々若者の悩みに向き合いつつ，ストレス軽減の方法を助言する立場にあった。自身もストレスが蓄積する立場であることは容易に想像される。

　このような事情もあり，粗訳段階では本書を2人に大半を担当していただいた。林氏は，原著者の序，1，3章および終章の各章を，実光氏は2，5の各章を分担した。石田を含めた3者が多忙であり，自主ゼミの日程がうまくとれぬなか，丁度折よく，漆原氏が，日本学術振興会特別研究員として石田の研究室に滞在していたので，手助けを願うことにした。漆原氏はニューヨーク州立大学で数年にわたり研究生活を送っていたこともあり，英語が堪能であり，「渡りに船」の感であった。漆原氏には4章を担当いただいた。

　翻訳原稿は最終的に石田と漆原氏が，全体をつぶさに検討した上で調整した。原著書に則して訳出作業を進めたが，原文の意を汲みとった上で，社会・文化事情に合わせ「翻って訳出」した箇所が少なからずある。

　「はじめに」でもふれたが，本書の記述内容は，ストレスの専門家や学術的な側面から見れば物足りないところがあるかもしれな

い。しかし，教師としての長い経験を下地に，日頃から学校教師に対して専門的助言を生業としている原著者の著述だけに，相応の現実味と説得力があると思われる。本書が少しでも教師のストレス軽減に役立つならば，望外の喜びである。

　末尾となったが，本書が出版されるにあたり，計画段階から適切なアドバイスをくださった北大路書房の関一明氏に深く感謝いたします。

2006 年 7 月　翻訳者を代表して
石田雅人

【訳者紹介】

石田　雅人（いしだ・まさと）[はじめに，全体編集]
 1975年 広島大学大学院教育学研究科博士課程（学習心理学）退学
 現　在 大阪教育大学教育学部　教授，文学博士

漆原　宏次（うるしはら・こうじ）[はじめに，4章担当，全体編集]
 2002年 関西学院大学大学院文学研究科博士後期課程修了
 現　在 日本学術振興会特別研究員(大阪教育大学)，博士（心理学）
     ニューヨーク州立大学ビンガムトン校心理学部　客員助教授
     （兼任）

実光由里子（じっこう・ゆりこ）[2章，5章担当]
 2002年 大阪教育大学大学院教育学研究科修士課程心理学専修修了
 現　在 大阪芸術大学短期大学部学生相談室　カウンセラー，修士（教
     育学），臨床心理士

林　　照子（はやし・てるこ）[原著者の序，1章・3章・終章担当]
 2002年 大阪教育大学大学院教育学研究科修士課程心理学専修修了
 現　在 園田学園女子大学人間健康学部総合健康学科　講師，修士（教
     育学）

教師・教育関係者のためのストレス撃退法

2006年8月5日	初版第1刷印刷	定価はカバーに表示
2006年8月10日	初版第1刷発行	してあります。

著　　者　　M・パプウォース
訳　　者　　石　田　雅　人
　　　　　　漆　原　宏　次
　　　　　　実　光　由里子
　　　　　　林　　　照　子
発　行　所　㈱北大路書房

〒603-8303　京都市北区紫野十二坊町12-8
　　　　　電　話（075）431-0361代
　　　　　FAX（075）431-9393
　　　　　振　替　01050-4-2083

Ⓒ 2006
制作／見聞社　印刷・製本／創栄図書印刷㈱
検印省略　落丁・乱丁本はお取り替えいたします。
ISBN4-7628-2514-X　　　Printed in Japan